DE L'ÉTAT ANORMAL
EN FRANCE
DE LA RÉPRESSION
EN MATIÈRE DE CRIMES CAPITAUX
ET
DES MOYENS D'Y REMÉDIER

PRÉCÉDÉ D'UN AVANT-PROPOS ET D'UNE INTRODUCTION

PAR

M. CH. LUCAS

MEMBRE DE L'INSTITUT DE FRANCE

DE L'INSTITUT DE DROIT INTERNATIONAL ET DU CONSEIL SUPÉRIEUR
DES PRISONS

*Nolli sunt qui morbos et crimine auctorum
contemplari et graviter considerare, et reip.
tueantur.* *(Sénèque.)*

PARIS
G. PEDONE-LAURIEL, LIBRAIRE-ÉDITEUR
18, RUE SOUFFLOT, 18

Avril 1885

DE L'ÉTAT ANORMAL
EN FRANCE
DE LA RÉPRESSION
EN MATIÈRE DE CRIMES CAPITAUX
ET
DES MOYENS D'Y REMÉDIER

PRÉCÉDÉ D'UN AVANT-PROPOS ET D'UNE INTRODUCTION

PAR

M. Ch. LUCAS

MEMBRE DE L'INSTITUT DE FRANCE
DE L'INSTITUT DE DROIT INTERNATIONAL ET DU CONSEIL SUPÉRIEUR
DES PRISONS

*Multi sunt qui mortem si requiem malorum
contemnant, et graviter expavescant ad captivitatem.* (SÉNÈQUE.)

PARIS
G. PEDONE-LAURIEL, LIBRAIRE-ÉDITEUR
13, RUE SOUFFLOT, 13
1885

AVANT-PROPOS

Le principal objet de cette publication est la réimpression du mémoire sur *l'état anormal en France de la répression en matière de crimes capitaux et sur les moyens d'y remédier*, lu à l'Académie des sciences morales et politiques dans le cours des séances des 9 août, 13 septembre, 17 octobre, 29 novembre et 20 décembre 1884, et inséré dans le compte rendu de ses séances et travaux publié par M. Ch. Vergé sous la direction de M. le secrétaire perpétuel. (1)

Le premier besoin que j'éprouve, c'est d'exprimer mes remercîments empressés à l'Académie qui, dans le cours de cinq séances, en a entendu la lecture avec une attention bienveillante dont je conserverai un reconnaissant et respectueux souvenir. J'ai cru devoir faire suivre la réimpression de ce mémoire des observations dont sa lecture a été l'objet à la séance du 17 octobre de la part de deux savants confrères, observations auxquelles l'autorité de leur compétence spéciale donne une grande valeur (2).

Il m'a semblé qu'il convenait que la constatation par ce mémoire de l'état anormal de la répression fut précédée d'une introduction contenant le rapide exposé de ce que devait être à notre époque l'état normal de la répression et le *desideratum* de son perfectionnement. Tel est le but

(1) Voir tome vingt-troisième (CXXIII° de la collection). 1885 1er semestre, février, mars, 2° et 3° livraisons, et livraisons suivantes.

Ces séances sont mentionnées dans le compte rendu du *Journal officiel* n°° des 13 août, 22 septembre, 27 octobre, 8 décembre et 31 décembre 1884.

(2) M. Desjardins, avocat général à la Cour de Cassation, et M. Picot, ancien directeur des affaires criminelles et des grâces au ministère de la Justice.

de cette *Introduction sur l'alliance essentielle des deux réformes relatives à l'abolition de la peine de mort et à la théorie de l'emprisonnement préventif, répressif et pénitentiaire, et sur le mouvement progressif de sa réalisation en Europe dans la codification moderne.*

Il m'a paru encore que du moment où ce mémoire signalait en France l'état anormal de la répression en matière de crimes capitaux et les moyens d'y remédier, ce n'était pas un travail d'érudition uniquement destiné à la collection des mémoires de l'Académie, mais qu'il convenait d'appeler à la fois sur l'état anormal que je signalais et sur les moyens que je proposais pour y remédier, l'attention de l'opinion publique par voie de publicité, et celle du Parlement par voie de pétition. C'est la voie que j'ai suivie bien souvent dans l'intérêt des réformes auxquelles j'ai consacré ma vie et je n'ai jamais eu lieu de le regretter.

Ma pétition au Sénat du 24 octobre 1881 renouvelait celle que j'avais adressée au Sénat impérial le 15 mars 1867 sur la suppression de la publicité des exécutions capitales. Mais elle avait toutefois pour objet principal d'appeler la sollicitude du gouvernement sur la nécessité d'un nouveau code pénal conforme aux besoins moraux de notre époque que réclamait l'état anormal de la répression et sur l'urgente élaboration de ce code par une commission instituée à cet effet.

J'ai dû naturellement, ainsi que je l'ai exprimé dans mon introduction, comprendre au nombre des documents annexes de cette publication, l'insertion de cette pétition où la nécessité d'un nouveau code pénal était démontrée, et celle du rapport de la commission sénatoriale des pétitions où elle était reconnue.

Parmi ces documents, il en est un autre qui m'a paru devoir également y trouver place. Plusieurs criminalistes distingués m'ont invité à réunir en un recueil mes communications successives à l'Académie des sciences morales et politiques sur le mouvement progressif des deux réformes relatives à l'abolition de la peine de mort, et à la théorie de l'emprisonnement préventif, répressif et pénitentiaire. Le savant correspondant de l'Institut, M. d'Oliveorona, conseiller à la Cour suprême de Suède, avait particulièrement exprimé, dans un rapport au Congrès international pénitentiaire de Stockolm, que le recueil de ces publications, outre l'utilité de constater le mouvement progressif de ces deux réformes, « présenterait dans leur ensemble un corps de doctrines « qui se rattachent à la *théorie de l'emprisonnement*, soit pour en affermir « les fondements, soit pour y compléter les principes insuffisamment « développés, soit pour y corriger des imperfections et y remplir des « lacunes. »

J'en avais moi-même le projet. Mais à mon âge avancé, je ne puis plus espérer en avoir le temps. Si la Providence me l'accordait, j'aurais assurément sur ces communications successives à l'Académie au nombre de 95 (1), dont 85 relatives au mouvement progressif de l'abolition de la peine de mort, et 60 à celui de la théorie de l'emprisonnement préventif, répressif et pénitentiaire, plusieurs à éliminer de ce recueil. Mais du moment où il ne s'agissait dans cette publication que d'une énumération de ces communications successives, je n'ai voulu en supprimer aucune, parce que toutes ont une utilité relative, celle de servir comme autant de jalons à constater dans l'ordre des faits et aussi dans celui des idées, le mouvement progressif qu'ont suivi depuis plus d'un demi-siècle les deux réformes auxquelles ces communications étaient consacrées.

J'ai cru devoir constater encore dans cette introduction une autre nécessité plus pressante que la promulgation même d'un nouveau code pénal, celle d'une loi spéciale ayant pour objet de remplacer par la réclusion solitaire à perpétuité ou à temps l'application de la transportation aux coupables de crimes capitaux dans les cas de commutation de la peine de mort.

---

(1) Ce chiffre de 95 est loin d'être le chiffre général des communications successives sur ces deux réformes, insérées dans les 123 volumes dont se compose depuis son origine en 1840 la collection du compte rendu des séances et travaux de l'Académie: il n'indique que le nombre spécial de celles de ces communications qui ont été l'objet d'un tirage séparé.

Par suite des retards à prévoir et notamment de ceux qu'entraîne-
raient des constructions nécessaires à l'établissement de la réclusion
solitaire, j'ai indiqué l'ensemble des mesures transitoires à prendre pour
supprimer au moins à bref délai l'envoi des parricides et des assassins à
la Nouvelle-Calédonie.

Ce n'est pas sans intention que ma pétition du 24 octobre 1884 sur la
suppression de la publicité des exécutions capitales et principalement
sur la nécessité d'un nouveau code pénal conforme aux besoins moraux
de notre époque, au lieu d'être adressée aux deux Chambres, ne l'a été
qu'au Sénat. J'étais résolu en effet à adresser à la Chambre des députés
une autre pétition sur la nécessité de la loi spéciale précitée pour le remplacement par la réclusion solitaire à perpétuité ou à temps de la transportation en matière de crimes capitaux.

Quoique cette loi spéciale me parut d'une nécessité plus pressante
encore que l'élaboration même d'un nouveau code pénal, j'ai cru qu'en
raison de l'expiration prochaine du mandat législatif de la Chambre
actuelle des députés, il convenait d'attendre la convocation d'une
Chambre nouvelle pour lui demander par voie de pétition d'appeler la
sollicitude du gouvernement sur l'urgence de la loi spéciale précitée.
Je n'attends donc que la convocation de la nouvelle Chambre des
députés pour lui soumettre respectueusement la seconde pétition dont
je viens d'indiquer l'objet.

Je ne pouvais omettre, dans cette publication, l'accomplissement du
devoir comme doyen de la réforme répressive et pénitentiaire, d'exprimer à l'Académie française et à l'Académie des Sciences morales et
politiques, restaurée en 1832, la profonde gratitude qui leur est due
pour avoir si puissamment contribué à appeler sur cette réforme civilisatrice et humanitaire les études de la science, les indications de l'expérience, les sympathies de l'opinion publique et la sollicitude des
gouvernements.

I

INTRODUCTION

SUR LE MOUVEMENT PROGRESSIF DE LA CODIFICATION PÉNALE PAR L'ALLIANCE DES DEUX RÉFORMES RELATIVES À L'ABOLITION DE LA PEINE DE MORT ET A LA THÉORIE DE L'EMPRISONNEMENT PRÉVENTIF, RÉPRESSIF ET PÉNITENTIAIRE.

> Les peines irréparables et les peines infamantes ne peuvent appartenir à la justice sociale, ni les unes, parce qu'elle est une justice faillible, les autres, parce qu'elle doit être une justice pénitentiaire, en même temps que répressive.
>
> (Introduction, § 8.)

Le titre de cette *Introduction* qui en caractérise l'objet, et les huit paragraphes dont elle se compose, qui en indiquent et motivent la division, présentent à ses points de vue principaux l'alliance essentielle que les deux réformes relatives à l'abolition de la peine de mort, et à l'emprisonnement préventif, répressif et pénitentiaire, me semblent appelées à réaliser à notre époque dans la codification pénale. Avant de constater quel est actuellement l'état anormal de la répression en matière de crimes capitaux, il m'a paru rationnel d'exposer rapidement dans cette introduction ce que devrait être selon moi son état normal.

I

Pétition de 1830 aux deux Chambres avec l'adhésion de l'élite du barreau de Paris sur l'alliance essentielle des deux réformes relatives à l'abolition de la peine de mort et à l'emprisonnement répressif et pénitentiaire. — Conditions préalables de l'abolition de la peine de mort.

Dans cette publication relative à l'état anormal de la répression en matière de crimes capitaux, la question de la peine de mort, bien qu'elle n'en soit pas l'objet direct, occupe nécessairement une trop grande place pour qu'on ne soit pas appelé à s'en préoccuper particulièrement. Parmi mes jeunes contemporains abolitionnistes qui ignorent quel a été mon point de départ sous le rapport de l'ordre des idées et des faits, comme doyen de la réforme relative à la suppression de l'échafaud, il en est qui doivent naturellement être surpris que je n'aie pas, à l'occasion de ce mémoire, proposé l'abolition immédiate de cette peine et incliner même à m'en faire un sujet de reproches. Il est donc nécessaire de rappeler sommairement ce point de départ.

Adversaire déclaré de la peine de mort dans mon ouvrage sur le *Système pénal et répressif en général et la peine de mort en particulier*, couronné dans les deux concours ouverts en 1826 à Genève et à Paris, je n'ai jamais été du nombre de ceux qui ont cru et qui croient encore que pour réaliser une réforme aussi grave et aussi considérable que celle de l'abolition de la peine de mort, il suffit d'un décret en deux articles dont le premier prononce sa suppression et le second la remplace par la peine du degré inférieur.

Lorsqu'en 1830, M. Victor de Tracy, qu'inspiraient d'excellentes intentions et des sentiments élevés, formula à peu près dans les mêmes termes sa proposition d'abolir la peine de mort, plutôt que de m'y associer, je me plaçai sur un terrain bien différent dans ma pétition aux deux Chambres, couverte des signatures d'adhésion de l'élite du barreau de Paris (1).

Je ne demandais l'abolition de la peine de mort que sous les deux conditions préalables, d'abord d'une nouvelle peine d'une efficacité équivalente, celle de la reclusion solitaire, et sous la condition c. suite d'un nouveau Code pénal. En effet, le système dont la peine de mort était la clef de voûte et qui devait disparaître avec elle exigeait une profonde transformation dans l'échelle des pénalités dont l'emprisonnement répressif et pénitentiaire devait être la base.

Le remarquable rapport de M. Béranger, au nom de la Commission chargée en 1830 de l'examen de la proposition de M. de Tracy, adopta ces deux conditions préalables. Il disait à l'égard du confinement solitaire : « Après la peine capitale, nous n'avons rien dans notre législation qui puisse efficacement suppléer à la terreur préventive dont on croit utile que les esprits soient vivement frappés. Le régime pénitentiaire admet la prison solitaire, supplice inconnu parmi nous, mais dont l'effet moral est puissant ; il faut donc l'introduire avant de désarmer la société. »

En ce qui concernait la nécessité d'un nouveau Code

---

(1) Mérilhou, Barville, Bernard de Rennes, Charles Benouard, Vivien, Decrusy, Leujuinals, H. Carnot, Mermillod, Ed. Charton, Teschereau, de Lasteyrie, Léon Faucher, Bastide, etc.

M. Dupin aîné, à la signature duquel M. Lucas n'avait pas cru devoir soumettre sa pétition à cause de sa qualité de député à l'époque de sa rédaction, vient de lui écrire la lettre suivante :

« Mon cher et ancien Confrère. Mon opinion sur la peine de mort est bien formée. Je l'ai insérée dans mes observations sur la législation criminelle. Ainsi je voterai pour la prise en considération qui pourra ensuite amener la loi. Si votre pétition est imprimée, veuillez me l'envoyer.

« Votre tout dévoué, Dupin aîné. » (Extrait du Journal des Débats du 6 septembre 1830.)

pénal, basé sur l'emprisonnement préventif, répressif et pénitentiaire, le rapport s'exprime ainsi : « Il faut ajouter qu'il sera imprudent peut-être d'abolir complètement la peine de mort avant d'avoir formé les établissements pénitentiaires qui doivent correspondre à cette abolition, la remplacer et en assurer le bienfait à la société. »

Mais la Commission avait fait une grave omission, celle de recommander l'urgence de l'accomplissement de ces deux réformes préalables, car dans le cas d'un délai trop prolongé, il y avait péril en la demeure. La Commission aurait dû se dire que la question essentielle, ce n'était pas celle du maintien prolongé et nominal de la peine de mort, mais celle de la durée de son efficacité. c., la peine de mort avait fait son temps. Il n'appartenait pas au législateur de lui maintenir l'efficacité qu'elle avait pu avoir à une autre époque et sous d'autres mœurs. Le pouvoir législatif ne pouvait réagir à cet égard contre l'influence de la civilisation qui, de jour en jour, devait neutraliser l'efficacité de la peine de mort par la progression des commutations.

Je n'avais pas négligé sous ce rapport d'appeler la sollicitude du législateur sur l'état anormal qu'il préparait à la répression en s'attardant à réaliser les deux conditions préalables déjà citées. Ma pétition, après avoir retracé le grand courant de la civilisation moderne qui ne permettait plus à la peine de mort d'aspirer désormais à la longévité, s'exprimait ainsi. « En face de ce mouvement progressif de la civilisation moderne, il faut bien reconnaître que l'abolition de la peine de mort est une de ses conséquences inévitables. Remontez à son berceau, ou plutôt aux temps barbares. La peine de mort, à cette époque, règne seule en reine absolue dans tous les codes pénaux. Mais voyez, à mesure que la civilisation se développe, les pénalités nouvelles qui arrivent successivement en partage de son empire. Rapprochez aujourd'hui le chétif domaine qu'elle

conserve dans les codes de celui qu'elle y a perdu : peut-on
mieux la comparer qu'à une souveraine déchue et reléguée
dans un petit coin de son ancien empire ?

« Elle ne peut plus se maintenir longtemps dans ce lieu
d'exil. Suivez les cours d'assises, observez les mouvements
de la société française ; les fréquentes répugnances des
jurés pour l'application de cette peine qui la rend nt trop
souvent aujourd'hui un moyen d'impunité plutôt que de
répression. Voyez surgir de ces répugnances sociales cette
doctrine de l'omnipotence du jury, dangereux palliatif peut-
être aux vices de notre législation. Le pouvoir a beau crier
contre ces répugnances, lui-même les partage et les subit.
Ouvrez en effet les comptes rendus de l'Administration de
la justice criminelle (1), et examinez le tableau des

	ACCUSÉS EN matière capitale.	CONDAMNÉS à mort.	COMMUÉS	EXÉCUTÉS
1826. . .	915	150	28	110
1827. . .	876	109	30	75

« Ainsi dans le court espace d'une année à l'autre, ce
n'est pas seulement la société qui est intervenue, c'est le
pouvoir lui-même qui a suivi le mouvement par l'extension
remarquable qu'il a donnée à l'exercice de son droit de
commutation. »

Je me croyais ainsi autorisé à espérer la prochaine élaboration du nouveau code pénal et la promulgation d'une
peine nouvelle celle du confinement solitaire, c'est-à-dire
la réalisation des deux conditions préalables que j'avais
proposées pour l'abolition de la peine de mort, et tant
qu'elles ne seront pas remplies en France, je ne pourrais
sans inconséquence y proposer l'abolition immédiate de la
peine de mort. Voilà ce qui m'interdisait dans ce mémoire

(1) La première publication de cet important document date de 1825
sous l'administration de M. de Peyronnet, ministre de la justice.

la proposition de cette abolition immédiate. Mais on pourrait toutefois me demander si, depuis 1827, époque à laquelle l'abolition de la peine de mort a été l'une des trois réformes (1) auxquelles j'ai consacré ma vie, je n'ai rien négligé dans le cours de mes travaux, sous l'inspiration de ma persévérante conviction abolitionniste pour stimuler et hâter sans témérité l'accomplissement des conditions préalables à l'abolition de la peine de mort dans l'ordre des idées et des faits.

Ce mémoire atteste assez, je crois, l'activité de ma vie à cet égard : mais on pourra trouver dans cette publication (2) l'énumération par ordre chronologique de mes ouvrages, publications, brochures et pétitions, relatifs aux conditions préalables dont l'abolition de la peine de mort réclamait l'urgent accomplissement. Il n'y a qu'à ouvrir du reste le compte-rendu (3) des séances et travaux de l'Académie pour y trouver à la table des matières la longue série de mes communications consacrées à la tâche que je m'étais

(1) Ces trois réformes sont relatives : 1° à l'abolition de la peine de mort et du système dont elle est la clef de voûte ; 2° à la théorie de l'emprisonnement préventif, répressif et pénitentiaire qui doit opérer de notre temps la transformation de la codification pénale ; 3° enfin à la civilisation de la guerre et à la substitution de l'arbitrage aux sanglantes et hasardeuses solutions de la force pour le règlement des conflits internationaux. Mon persévérant dévouement aux deux premières réformes remonte à 1827, mais il ne date pour la troisième que de 1872.

(2) Aux documents annexes.

(3) Le compte-rendu des séances et travaux de l'Académie des sciences morales et politiques est publié sous la direction du secrétaire perpétuel de cette Académie. Sa fondation qui honore mon savant confrère, M. Ch. Vergé, remonte à 1840 et le compte-rendu est ainsi dans sa 45° année et est parvenu au tome 123 de sa collection qui offre un document d'une grande valeur pour suivre en Europe le développement historique et le mouvement progressif des sciences morales et politiques.

imposée de constater et seconder le développement progressif des deux réformes relatives à l'abolition de la peine
de mort et à la théorie de l'emprisonnement répressif et
pénitentiaire.

Toutefois, si j'avais encore besoin de repousser le
reproche inséré d'avoir entravé le mouvement abolitionniste par des conditions préalables à la suppression de
la peine de mort, sans concourir suffisamment par mes
efforts et mes travaux à en hâter l'accomplissement, il me
suffirait d'invoquer le témoignage du savant d'Olivecrona
qui en tête de son remarquable livre sur les *causes de la
récidive et les moyens d'en restreindre les effets*, a
nommé, dans sa dédicace, celui des abolitionnistes, dit-il,
auquel la réforme répressive et pénitentiaire a dû en 1828
sa première histoire, et en 1836 sa première théorie.

II

Mouvement progressif dans la codification de l'Alliance des deux réformes
relatives à l'abolition de la peine de mort et à l'emprisonnement
répressif et pénitentiaire. — Rappel et développement historique des
cinq degrés de la *Théorie de l'emprisonnement* publiée en 1836.

On s'étonne que l'introduction de l'emprisonnement préventif, répressif et pénitentiaire dans la codification de la
législation criminelle se soit fait si longtemps attendre. On
s'en étonnerait moins sans doute, si l'on remontait à 1825,
époque à laquelle l'Administration de la justice criminelle
n'avait pu encore s'éclairer des lumières de la statistique,
et où les deux réformes relatives à l'abolition de la peine
de mort et à l'emprisonnement répressif et pénitentiaire
qui, pour se réaliser, devaient étroitement s'unir, n'avaient
encore ni histoire, ni théorie.

Quant à moi, lorsque je songe que l'ère nouvelle que
j'appelais de tous mes vœux dès 1827, c'était celle qui demandait pour la justice sociale l'abolition des peines irré-

parables, parce qu'elle était une justice faillible, et l'abolition de toutes les peines infamantes parce qu'elle devait être une justice pénitentiaire en même temps que répressive; quand je songe qu'à cette époque, cette ère nouvelle paraissait une utopie irréalisable, je suis frappé que cette prétendue utopie n'ait pas mis plus de temps à passer au nombre des idées qui s'avouent, et ensuite au nombre même des choses qui se font. C'est ainsi qu'on va voir le mouvement progressif des deux réformes relatives à l'abolition de la peine de mort et à l'introduction de la théorie de l'emprisonnement dans la codification pénale en voie de réalisation par l'exemple d'abord du Code de la Suède en 1864, s'accentuant davantage en Belgique dans le Code de 1867 et la législation postérieure, et enfin prenant en Hollande une si grande extension dans le Code pénal du 3 mars 1881. Ces trois pays qui ont chacun une histoire qui leur est propre et qui les honore, ne figurent pas en Europe parmi les Etats dont la grandeur politique se fonde sur leurs gros budgets et leurs gros bataillons. Mais ils aspirent à la grandeur morale par leurs institutions d'assistance, de prévoyance et de répression sur lesquelles l'économiste, le moraliste, et le criminaliste aiment à arrêter et reposer leurs regards si souvent attristés ailleurs.

En ce qui concerne la peine de mort, la Suède fit un grand pas vers son abolition par son Code de 1864, lorsqu'elle laissa au juge la faculté d'opter entre l'application à l'assassin de la peine de mort ou celle des travaux forcés à perpétuité, en supprimant toutefois cette liberté d'option pour le cas de la récidive par le condamné aux travaux forcés à perpétuité. La Belgique est allée plus loin par l'abolition de fait de la peine de mort dont la date remonte à 21 ans. Enfin la Hollande a atteint le but final par l'abolition de droit que prononce son Code pénal du 3 mars 1881.

En Suède, en Belgique et en Hollande, c'est la captivité
perpétuelle qui est appelée à remplacer la peine de mort
dans les cas de commutation, d'abolition de fait, ou d'abolition de droit. Mais cette captivité se subit successivement
sous le régime cellulaire et sous celui de la vie en com-
commun, et la durée plus ou moins prolongée du premier
régime est jusqu'à dix ans en Belgique, pour descendre à
cinq ans en Hollande et n'être que d'un an en Suède.

Il y a là une grave inconséquence que j'ai déjà signalée
dans mon mémoire (1) car ainsi que l'a déclaré avec raison
le prince Oscar dans son livre sur *les Prisons et les Peines*,
la condition qu'impose au législateur l'abolition de la peine
de mort, c'est de mettre le coupable d'homicide prémédité
hors d'état de nuire comme garantie essentielle contre la
récidive. L'assassin s'est mis hors de la loi sociale, comme
je l'ai déjà dit (2), et dans les trois États précités, l'on
n'étend même pas à toute la durée de la captivité perpétuelle la prolongation de l'emprisonnement cellulaire qui
est le régime seulement de la séparation de détenu à détenu.

Il y a deux responsabilités qu'il ne faut pas confondre,
l'une est celle du législateur qui, placé en face de l'acte,
doit au nom de la justice de répression prononcer la peine
qu'exigent sa gravité et le péril de sa récidive ; l'autre est
celle du chef de l'État qui, placé en face du coupable dans
le cours de la peine qu'il subit est chargé de réconcilier au
besoin la répression avec l'humanité au nom de la justice
de clémence et de commutation, car, dans son exercice, la
clémence, comme la répression, doit avoir sa justice.

En ce qui concerne la théorie de l'emprisonnement, je
crois devoir rappeler préalablement et sommairement
celle (et la seule qui du reste existe encore) que j'ai publiée

(1) Titre IV, § II, III, et conclusion.
(2) Voir *note finale A. régime de Philadelphie*.

en 1830 avec les cinq degrés dont elle se compose, afin de faciliter l'appréciation des adhésions et des dissentiments.

Au premier degré, degré préventif, l'emprisonnement individuel applicable aux détenus avant jugement, n'ayant pour objet que de prévenir l'évasion et le contact des récidivistes, en conservant au détenu sa personnalité; en un mot, séparation seulement de détenu à détenu, avec faculté de communication avec les parents et les amis, sous la réserve des prescriptions de l'instruction judiciaire.

Au second degré, degré répressif, système cellulaire pour empêcher la corruption mutuelle de condamné à condamné, basé sur le principe de l'intimidation applicable aux petits délinquants dont la condamnation n'excède pas la durée d'un an; travail obligatoire, et interdiction des visites du dehors et de la correspondance, autrement qu'à titre exceptionnel et rémunératoire.

Au troisième degré, l'emprisonnement répressif et pénitentiaire dont la durée *minima* est de deux ans, et comme la durée *maxima* du degré de l'emprisonnement répressif est d'un an, il s'ensuit qu'entre ces deux degrés d'emprisonnement il n'y a pas de condamnation à subir, afin de bien établir la ligne profonde de démarcation qui les sépare (1).

Ce troisième degré répressif et pénitentiaire appliqué aux condamnations à long terme, est basé sur l'étroite alliance des deux principes de l'intimidation et de l'amendement préventif de la récidive, avec le système cellulaire de nuit dans des établissements dont l'effectif normal n'excède pas le maximum de 400.

L'organisation de ce système comprend au début le régime cellulaire de trois à six mois pour empêcher le mé-

_____

(1) La durée d'un an de l'emprisonnement individuel équivaut d'ailleurs, dans ma théorie, pour le régime répressif, à deux ans de l'emprisonnement en commun.

lange des moralités et permettre d'étudier les éléments de leur classement. Vient ensuite le régime de la vie et du travail en commun sous la discipline du silence avec le triage des moralités, au moyen d'une comptabilité morale des bons et mauvais points, pour soumettre ce triage des moralités à un classement répressif et rémunératoire, renouvelable par semestre, en trois quartiers : le premier d'épreuve, le second d'espérance pour ceux dont la conduite au quartier d'épreuve permet d'en concevoir; le troisième, dit quartier d'exception, pour les pervers récalcitrants. Ce quartier d'exception est pourvu de cellules de punition où le détenu peut au besoin être mis aux fers, suivant les dispositions réglementaires.

Chaque détenu, à l'expiration de son séjour sous le régime cellulaire auquel il a été soumis à son entrée pendant trois à six mois, est admis au quartier d'épreuve d'où, selon sa conduite bonne ou mauvaise, il passe au quartier d'espérance ou à celui d'exception.

On voit que chez le détenu, l'effort de l'amélioration est toujours stimulé par les deux grands mobiles de la crainte et de l'espérance, suivant le témoignage de l'épreuve. Après que sa conduite a été ainsi éprouvée à la prison, ma théorie admet l'épreuve jusqu'au sein de la société elle-même. Du quartier d'espérance, le détenu peut aspirer à la libération conditionnelle qu'il voit, selon sa conduite, se prolonger jusqu'au terme de sa libération définitive, ou au contraire, s'interrompre par la réintégration à la prison. Il y est alors soumis comme à l'entrée précédente au régime cellulaire, et de là au quartier d'épreuve ou au quartier d'exception selon la gravité de sa situation, car il ne peut plus aspirer au quartier qui porte le titre d'une espérance qu'il a trompée.

La théorie ne peut donc admettre que la clémence à titre rémunératoire fasse grâce entière et immédiate. La clémence ne doit procéder que graduellement et avec la con-

2.

trôle de l'épreuve par des réductions successives mais révocables, au cas que le condamné démente ses antécédents par sa mauvaise conduite. Si, au contraire, par sa persévérance, il mérite sa libération, elle lui est accordée mais toujours sous le contrôle de l'épreuve. Ce n'est qu'une libération conditionnelle, ainsi que je l'ai déjà dit.

Personne, comme on le voit, ne saurait être plus favorable que moi au principe d'épreuves successives auxquelles les condamnés doivent être soumis, principe sur lequel repose le système progressif, puisqu'il avait été indiqué par ma théorie de l'emprisonnement (1) longtemps avant que M. Crofton en eût fait la base de l'essai d'application pratique dont il a été en Irlande le célèbre promoteur.

Au quatrième degré sont les établissements spéciaux, soit agricoles, soit industriels, et de préférence agricoles, affectés aux jeunes détenus sous un régime répressif et pénitentiaire de la vie et du travail en commun.

Au cinquième degré enfin, est l'application du régime cellulaire aux voitures destinées au service du transfèrement des détenus entre les différents établissements.

Au premier et au second degré, la théorie n'a trouvé que les adhésions de l'imitation pratique. Au quatrième degré les rares réclamations de l'application du régime cellulaire aux jeunes détenus sont tombées dans un complet discrédit. Les créations d'établissements spéciaux pour les jeunes détenus ont partout réussi en Suède, en Belgique et en Hollande. En France, la guerre franco-allemande et les évènements qui l'ont suivie ont bouleversé l'ensemble des colo-

(1) « On trouve le germe et le principe de cette méthode dans l'ouvrage de M. Charles Lucas sur la *théorie de l'emprisonnement* bien avant que sir Walter Crofton n'eût commencé en Irlande l'expérience dont le retentissement a été si grand. » (*Rapport sur l'enquête pénitentiaire de la commission parlementaire*, par M. le vicomte d'Haussonville, t. VI, 1874, p. 234.)

nies agricoles publiques et privées. Mais les documents officiels et notamment les comptes rendus de l'administration
de la justice criminelle attestent les bons résultats qui
étaient acquis à plusieurs de celles qui ont alors disparu.
D'ailleurs, parmi celles encore existantes, il en est qui conti-
nuent ces bons résultats, et Mettray maintient sa belle administration et conserve en Europe sa grande renommée. Enfin
la transformation de la colonie du Val-d'Yèvre, de colonie
privée en colonie publique, par la loi du 30 décembre 1880,
atteste dans l'exposé des motifs le succès obtenu pendant
trente-trois ans sous le triple rapport économique, moral et
agricole par l'efficacité de l'application aux jeunes détenus
d'une bonne organisation disciplinaire de la vie et du travail en commun.

Quant au cinquième degré, celui des transfèrements, la
question du moyen de supprimer la corruption mutuelle
des détenus dans les transfèrements, et surtout le hideux
système de la chaîne des forçats qui traversaient la France
pour se rendre aux trois bagnes de Brest, de Toulon et de
Rochefort, paraissait à la fois la plus urgente et la plus difficile à résoudre. Lorsque je soumis à M. de Rémusat la
proposition d'opérer tous les transfèrements par des voitures cellulaires qui conduiraient en poste les transférés à
leur destination, le spirituel ministre me répondit en sou-
riant un peu ironiquement : « L'idée est singulière de faire
voyager en poste les forçats comme les inspecteurs généraux. » Mais après avoir entendu mes développements, il
reconnut que cette idée était simple et pratique et même économique en permettant la suppression des maisons de gîte et
de dépôt. Ce transfèrement cellulaire n'a trouvé en France
et à l'étranger que des approbateurs et des imitateurs.

III

Suite du précédent. — Le régime répressif et pénitentiaire dans l'emprisonnement en commun. — Ses lacunes en Suède. — L'obstacle en Belgique
du système cellulaire à son développement.   6

Le troisième degré, celui de l'emprisonnement répressif
et pénitentiaire, est le seul dont la théorie ait soulevé une
polémique, mais polémique vive et prolongée, entre les
partisans et les adversaires de l'application de l'emprisonnement individuel aux condamnés à long terme. Dieu me
garde de réveiller cette polémique arrivée à la période de
son apaisement. Mais j'ai dû rappeler d'une manière sommaire et bien incomplète, du reste, le résumé de ma théorie
relative à l'emprisonnement répressif et pénitentiaire,
parce qu'au lieu de dire ce qu'elle est, on la représente trop
généralement pour ce qu'elle n'est pas. Cela s'explique
quand on songe que la publication de cette théorie remonte
à 1886, qu'elle fut assez promptement épuisée, et qu'en raison des trois volumes qui en contiennent les développements, je n'ai pu trouver le temps nécessaire à sa réimpression. Bien des erreurs se sont ainsi accréditées, et il s'ensuit
qu'il arrive trop souvent qu'involontairement elle est dé-
naturée et méconnue.

Parmi les partisans de l'extension de l'emprisonnement
individuel aux condamnés à long terme, qui tous sont bien
intentionnés, il en est de mal informés. Tantôt on représente le degré répressif et pénitentiaire de ma théorie,
comme l'imitation d'Auburn, tandis qu'il est la réfutation
de ce système brutal, qui n'a d'autre originalité que l'emploi des châtiments corporels et dont la discipline ne res-
pectait guère plus que la cellule de Philadelphie, l'initiative,
l'épreuve et l'effort de l'amendement. Tantôt on assimile
mon système répressif et pénitentiaire à celui des maisons
centrales de reclusion, c'est-à-dire au système de la pro-

miscuité aggravée par l'excès de l'agglomération, tandis qu'au contraire il en est le correctif par le maximum de 400 imposé à l'effectif de la population et par le fonctionnement du triage des moralités et du classement répressif et rémunératoire.

Au reste, ce qui dans dans la vive polémique soulevée par la question du système applicable aux condamnés à long terme, a faussé la discussion dans tout son cours, c'est qu'au lieu de la renfermer entre les deux systèmes de l'emprisonnement individuel et celui de la vie et du travail en commun, on a substitué un faux terme de comparaison. Le régime de la promiscuité des condamnés à long terme, et celui de leur agglomération excessive sont deux impossibilités à une réforme répressive et pénitentiaire. Ce n'est pas la réunion de ces deux impossibilités, telle qu'elle se produit dans nos maisons centrales de reclusion, qui peut servir de termes de comparaison au système cellulaire. C'est ailleurs qu'il faut le prendre : c'est dans le degré répressif et pénitentiaire de la théorie de l'emprisonnement, tel que je l'ai rappelé. La question véritable doit désormais se poser ainsi et ne plus se déplacer. Le système des maisons centrales ne doit jamais être employé comme synonyme du système normal de l'emprisonnement en commun dont il est la négation. Si l'on continue à discuter à un faux point de vue, on ne pourra jamais s'entendre.

La Suède, la Belgique et la Hollande ont donné la sanction de l'application pratique aux quatre degrés de la théorie de l'emprisonnement relatifs à l'emprisonnement préventif, à l'emprisonnement répressif, aux établissements spéciaux affectés aux jeunes détenus et enfin au service des transfèrements cellulaires.

La Suède, loin d'appliquer par son Code de 1864, le régime cellulaire aux condamnés à long terme, en a borné la durée à un an. Ainsi limité à un an et fixé au début de la captivité, le régime cellulaire était une sage précaution

pour empêcher à l'entrée à la prison le mélange des moralités. Mais il aurait fallu ensuite en opérer le triage, et organiser un classement répressif et rémunératoire afin de
stimuler l'effort de l'amendement et le contrôle de l'épreuve.
Il y a là une bien regrettable lacune.

La Belgique, dont le nouveau Code pénal avait été rédigé
pour l'application du régime en commun aux condamnés
à long terme, s'était activement occupée non seulement du
régime cellulaire par rapport aux deux degrés préventif et
répressif de l'emprisonnement, mais encore de l'application du régime en commun aux établissements spéciaux
affectés aux jeunes détenus sous le nom de *maisons de réforme.*

Il n'y a pas en Belgique de loi qui, comme celle en France
du 5 août 1850, ait déterminé les principes de l'organisation
des établissements spéciaux consacrés aux jeunes détenus.
Cette organisation a eu lieu par règlements et arrêtés
administratifs avec une sollicitude active et persévérante,
et avec un succès généralement reconnu. On obtient le
contrôle de l'épreuve et l'effort de l'amendement par un
classement répressif et rémunératoire qui fonctionne avec
efficacité dans les trois maisons de réforme et qui conduit
les plus méritants à la libération conditionnelle. Les jeunes
détenus délibérés conditionnellement sont réintégrés en
cas d'inconduite. Les réintégrations pour ce motif sont fort
rares.

On devait naturellement être porté à croire que la
réussite de cet emprisonnement en commun en déterminerait avec les mesures complémentaires l'extension aux condamnés adultes. Mais je ne suis pas fort surpris qu'il en ait
été autrement, et que sans aucune révision du Code pénal,
la Belgique ait décrété par la loi du 4 mars 1870 que les
condamnés aux travaux forcés à la reclusion et à l'emprisonnement seraient soumis au régime de la séparation, en
indiquant dans ce cas les proportions dans lesquelles seront

réduites les peines prononcées par les tribunaux, et en ajoutant que les condamnés aux travaux forcés à perpétuité ne pourraient être contraints à subir le régime de la séparation que pendant les dix premières années de leur captivité.

En élevant à grands frais la prison cellulaire de Louvain pour 592 cellules, la Belgique avait commis la faute de se jeter dans une agglomération excessive de population et, par l'affectation de la maison de Gand aux condamnés en matière criminelle, elle avait un excédant de contenance pour ses besoins. L'élément correctionnel réclamait seul quelques constructions, et notamment celle d'une maison centrale à Bruxelles. La loi du 4 mars 1870 n'avait ainsi qu'à déclarer et subir le fait accompli.

J'admire la fermeté avec laquelle la Belgique a maintenu depuis 21 ans l'abolition de fait de la peine de mort, qu'il serait temps du reste de convertir en abolition de droit. J'éprouve la plus vive sympathie pour ses institutions d'assistance et de prévoyance et pour son persévérant dévouement aux *maisons de réforme* qu'elle a consacrées avec succès aux jeunes détenus. Mais mon assentiment sympathique s'arrête devant l'application qu'elle a faite du régime cellulaire aux condamnés à long terme dans le but d'arriver à l'emprisonnement répressif et pénitentiaire, irréalisable par une pareille voie.

On ne peut faire ou refaire l'éducation de l'homme qu'avec la sociabilité qui est la loi de sa nature. On ne peut réaliser un régime répressif et pénitentiaire qu'avec le contrôle de l'épreuve, l'effort de l'amendement et la mise en action des deux grands mobiles répressif et rémunératoire de la crainte et de l'espérance. Rien de tout cela n'est possible avec le régime cellulaire. Comment l'épreuve sans le régime en commun ? Comment l'effort de l'amendement sans le classement répressif et rémunératoire ? Comment le classement répressif et rémunératoire sans la vie en commun où

l'on peut bien et, mal faire ! Or, avec la cellule, c'est l'impuissance de bien et mal faire. Le régime en commun que
l'on veut supprimer comme obstacle au régime pénitentiaire,
c'est sa condition essentielle.

Le coupable, à l'époque de sa libération, ne doit pas passer de l'isolement de la cellule à l'isolement dans la société, mais à la vie sociale où il faut lutter contre tant de
tentations, d'entraînements et d'écueils. On doit donc aguer-
rir le coupable à la résistance et le soumettre aux épreuves
de la vie en commun qu'il doit retrouver à sa sortie de la
captivité. Or si la vie cellulaire l'a condamné à l'impuissance de bien ou mal faire, à l'époque de sa libération, vous
n'envoyez aux combats qui l'attendent dans la vie sociale
qu'un soldat désarmé.

La réforme en Belgique, se bornant par l'application du
régime cellulaire, à empêcher la corruption mutuelle et à
produire l'intimidation, ne constitue qu'une réforme répressive. Le nom de *réforme répressive et pénitentiaire*
ne peut lui appartenir, parce qu'elle n'agit pas avec la
force collective des deux principes de l'intimidation et de
l'amendement.

La Belgique a compté dans l'inspection générale, l'administration supérieure et dans la direction de ses institutions
de répression, des hommes d'un mérite distingué parmi lesquels on doit particulièrement citer M. Edouard Ducpetiaux,
M. Berden et M. Stevens, cet habile praticien que la variété
de ses aptitudes a fait appeler successivement à la direction
de la prison cellulaire de Louvain, à l'organisation perfec-
tionnée du régime en commun à la maison de réforme de
Saint-Hubert, et qui s'occupe en ce moment de l'installation
de la maison centrale de correction de Saint-Gilles dont le
fonctionnement doit commencer dans le s premiers jours de
mai. Le nombre des cellules de cette prison est de 612. Il
est à Louvain, comme on l'a déjà dit, de 592. On voit qu'en
Belgique on ne s'est pas renfermé dans le maximum nor-

mal de 400. Sous le régime cellulaire, lorsque le directeur
ne se croit pas l'obligation sérieuse de s'occuper individuellement de chaque détenu, le régime de la séparation murale qui garantit l'ordre matériel peut paraître atténuer
l'inconvénient d'un effectif anormal de population. Mais
lorsque le Directeur veut consciencieusement s'acquitter à
l'égard de chaque détenu individuellement des devoirs que
sa fonction lui impose, c'est alors que le régime cellulaire
en réduisant le Directeur à l'impossibilité de les remplir par
l'effet du chiffre excessif de la population, entraîne les plus
graves inconvénients.

Au résumé, la théorie de l'emprisonnement en Belgique
ne s'est élevée au degré spiritualiste ou pénitentiaire, c'est-
à-dire de l'amendement, que dans les maisons de réforme
affectées aux jeunes détenus sous la discipline du régime en
commun. Quant aux autres établissements de répression,
elle n'est guère allée au delà du degré matérialiste de la séparation murale de détenu à détenu pour empêcher le mélange des moralités sans aborder la solution du problème
du triage de ces moralités par le contrôle de l'épreuve, l'effort de l'amendement et le classement répressif et rémunératoire sous les deux grands mobiles de la crainte et de l'espérance.

IV

*Le Code pénal hollandais de 1881 et la transformation de l'ancien système
pénal par la théorie de l'emprisonnement appelée seule à régir la codification moderne de la législation criminelle.*

J'arrive maintenant à la Hollande et au développement
dans ce royaume de l'alliance essentielle des deux réformes
relatives à l'abolition de la peine de mort et à la théorie de
l'emprisonnement répressif et pénitentiaire dans la codification pénale. Le code hollandais du 3 mars 1881 a réalisé
à cet égard un progrès si considérable qu'il me semble qu'on

doit attacher à ce code l'importance d'un événement dans les annales de la législation criminelle.

Je ne voudrais pas, en parlant ainsi, paraître suspect de partialité en faveur de ce code qui, par l'abolition de droit de la peine de mort, par la suppression des peines afflictives et infamantes, par la substitution des deux peines principales de l'emprisonnement et de l'amende à tout l'échaffaudage des pénalités du Code de 1810, a réalisé dans une si large proportion mes anciennes et persévérantes aspirations. La place de l'éloge n'exclut pas dans mes appréciations celle de l'examen critique, et je m'en réfère à cet égard à mon rapport sur la publication de ce Code, présenté à l'Académie des Sciences morales et politiques le 12 mars 1881, et inséré dans le compte rendu de ses travaux.

J'ajouterai qu'on ne saurait trop louer la Hollande, puissance maritime et en possession de plusieurs importantes colonies, de n'avoir pas, comme la France, compromis l'état normal de la répression par le recours à la transportation. Le législateur hollandais, éclairé par l'expérience anglaise dont il n'avait pas la témérité de méconnaître l'autorité, savait que ce n'était pas aux expédients de la *politique du débarras*, mais aux principes de la *politique civilisatrice* qu'il faut demander les garanties normales de la répression.

Le Code pénal hollandais est déjà devenu l'objet de sérieuses appréciations tant sur la forme que sur le fond des choses. Le savant criminaliste italien Brusa le cite comme un modèle sous le rapport de la forme. Il ne me semble pourtant pas sous ce rapport irréprochable. La lecture de ce code sans aucun exposé de motifs et qui ne donne aucune définition, devient fatigante pour l'esprit obligé de rechercher en lui-même les motifs et les définitions qui ne se trouvent pas dans ce code.

Le Code pénal hollandais fixe à cinq ans le maximum de la durée du régime cellulaire que la loi du 4 mars 1870 en

Belgique élève à dix ans. Ce Code se montre ainsi moins confiant que la loi belge dans le régime de la séparation cellulaire, mais sa confiance va encore beaucoup trop loin.

L'application, en effet, du régime de la séparation aux condamnés à long terme, ainsi que je l'ai démontré dans le paragraphe précédent, est l'obstacle à la réforme répressive et pénitentiaire au lieu d'en être le moyen. Cette prolongation à cinq ans de la durée de l'isolement cellulaire est la faute la plus grave qu'ait commise ce code ; car elle est de nature à entraver le fonctionnement de la théorie de l'emprisonnement et à la mettre dans l'impuissance de s'élever au degré répressif et pénitentiaire.

Il importe toutefois de remarquer que l'application de la durée du régime cellulaire est subordonnée au pouvoir arbitraire que ce Code laisse au juge et qui a été justement critiqué dans le remarquable discours sur le Code pénal hollandais que M. l'avocat général Chevrier a prononcé à la séance du 4 novembre 1884 devant la Cour de cassation. « La règle universellement admise, dit M. Chevrier, est de laisser le juge se mouvoir librement entre deux limites dont l'une est posée à son indulgence, l'autre à sa sévérité, toutes deux indispensables ; d'un côté, il est arrêté par le maximum légal, et de l'autre par le minimum, dont le système des circonstances atténuantes n'est en définitive qu'une extension. » La suppression du minimum, écrivait Rossi, serait encore plus funeste peut-être pour l'ordre public que celle du maximum, et c'est pourtant cette suppression du minimum dont le législateur hollandais a entaché son Code par une aspiration trop accentuée à l'originalité. « Soit un assassin, dit M. Chevrier, condamné à un jour d'emprisonnement, le Code pénal hollandais ne sera pas violé. »

Une autre suppression que celle du *minimum* me paraît bien regrettable, ainsi que je l'ai déjà exprimé dans mon rapport du 12 mars 1881 sur le Code pénal hollandais, c'est la suppression de la division des actes coupables en crimes

et délits, tous confondus désormais sous le mot unique de
délit.

Autre chose est de modifier la nature des peines; autre
chose est de changer le sens des mots appelés à caractériser
la distinction et la gravité des actes coupables auxquels les
peines s'appliquent. Il ne faut pas atténuer l'horreur que le
crime inspire et doit inspirer en lui ôtant le nom qui le dé-
signe à la réprobation publique. Il serait dangereux de tou-
cher au vocabulaire actuel qui, dans le langage pénal
comme dans le langage populaire, a longtemps consacré
par l'usage les mots qui qualifient et auxquels se discerne
la gravité des atteintes à la sécurité publique et privée.
Autres temps, autres mœurs, et Beccaria ne publierait plus
aujourd'hui sous le titre : *Des délits et des peines,* le livre
qui a immortalisé son nom ; il sentirait qu'à notre époque
la codification pénale doit apprendre au peuple à discerner
ce qu'il ne doit pas confondre, et qu'il ne faut pas le laisser
sans boussole sur la mer orageuse de la vie sociale.

Le vocabulaire du nouveau Code s'expose à jeter parmi le
peuple la confusion dans les intelligences, le trouble dans
les consciences qui peuvent être portées à croire que le
crime qui n'existe plus de nom a cessé d'exister de fait, du
moins avec la gravité qu'on y attachait et dont on a tempéré
l'exagération par une qualification plus adoucie. N'est-ce
pas aller beaucoup trop loin que de ne vouloir plus que le
même mot, celui de *délit,* pour qualifier le forfait d'un
Troppmann et le petit larcin d'un adroit filou.

J'ajouterai que ce n'est pas seulement au point de vue
pénal et au point de vue moral, mais au point de vue
même scientifique qu'il y a lieu de regretter cette innovation. Le besoin de recourir aux lumières de la statistique
devient à notre époque chaque jour plus impérieux en général, et en particulier pour les études du mouvement des
atteintes à l'ordre social, sous le rapport de la perpétration
et de la récidive des actes coupables que la sécurité pu-

blique et privée, impose aux gouvernements le devoir de
prévenir et de réprimer.

De là les statistiques judiciaires qui se publient dans la
plupart des pays civilisés et qui en sont les statistiques na-
tionales. Mais le but auquel on aspire pour le progrès scientifique serait la création d'une statistique internationale
qui ne deviendrait réalisable que par l'unification des
cadres des statistiques et des législations des divers pays.
Pourra-t-on parvenir à cette unification ? C'est le secret de
l'avenir. Mais on doit au moins s'en rapprocher par le
progrès du présent. Or la division des actes coupables en
crimes et délits favorise ce progrès dans un grand nombre
de statistiques judiciaires. On y éprouve avec raison le besoin
de ne pas laisser dans la confusion toutes les atteintes à la
sécurité sociale appartenant à des degrés si différents de
culpabilité et qu'il convient de diviser au moins en deux
classes indiquant l'une, le degré supérieur de leur gravité
sous le nom de *crime*, et l'autre le degré inférieur sous le
nom de *délit*.

Cette division est un grand secours pour le statisticien qui
notamment dans ses études de la récidive peut constater si
elle se produit dans un sens d'aggravation de crime à crime
et de délit à crime; ou au contraire dans un sens d'atténuation de crime à délit et de délit à délit. Le législateur
hollandais vient donc imposer à la plupart des statistiques
publiées sous le titre *de l'administration de la Justice criminelle* la suppression de ce mot proscrit de *crime* pour y
substituer celui de *délit*. Il vient de plus bouleverser dans plusieurs États européens le cadre de la statistique qu'il fallait
au contraire s'efforcer de généraliser conformément aux
aspirations de la science à la statistique internationale.

Puisque le Code hollandais n'est pas encore en vigueur,
il serait désirable qu'on en fît disparaître avant cette mise
en vigueur quelques innovations regrettables qui déparent
le bel ensemble de ce code.

La date de son entrée en vigueur n'est pas encore fixée et le sera probablement pour le 1er janvier 1886 ou au plus tard dans le cours de ladite année. L'extension considérable que ce code donnait à la peine de l'emprisonnement exigeait nécessairement la création de nouveaux établissements et le temps de les construire.

Le code prescrivait par son article 22 deux lois préalables à sa mise en vigueur : l'une relative à la désignation des établissements consacrés à l'emprisonnement, présentée le 19 janvier 1882, a été votée le 3 janvier 1884 ; l'autre, posant les principes de l'organisation et de l'administration des prisons, a été présentée aux Chambres le 27 mars 1884, mais n'a pas encore acquis force de loi. Je n'ai pris connaissance ni de la première ni de la seconde, encore en projet non voté. Je remarque toutefois que les principes d'organisation et d'administration des prisons posés par l'article 22 du code et en conformité desquels cette organisation devait avoir lieu, mentionnent celui de la division par classes, ce qui semble indiquer que le législateur a voulu consacrer sous ce rapport le triage des moralités et leur classement répressif et rémunératoire qui se rattache au degré répressif et pénitentiaire de la théorie de l'emprisonnement.

V

Le nouveau Code pénal italien. — Importance d'une consécration par un grand État tel que l'Italie de l'alliance des deux réformes relatives à l'abolition de la peine de mort et à la théorie de l'emprisonnement répressif et pénitentiaire.

Il importait beaucoup au mouvement abolitionniste qu'une grande puissance européenne vînt donner par la suppression de la peine de mort une imposante consécration à cette réforme civilisatrice. Dans ma lettre du 31 juillet 1867 à Mittermaïer, insérée au compte rendu des séances et travaux de l'Académie des sciences morales et politiques, sur *La marche présumée de l'abolition de la peine de mort dans les divers États de l'Europe*, c'est sur la Confédération de l'Allemagne du Nord que s'était portée mon espérance. Le Parlement fédéral la réalisa par son vote du 1er mars 1870 à la majorité de 37 voix. Mais malheureusement il se déjugea le 22 mai de la même année en troisième et dernière lecture du projet de Code pénal fédéral, à la majorité de 8 voix (1). C'est sur l'Italie que se portent maintenant à cet égard, parmi les grands États de l'Europe, les espérances du monde civilisé.

Mes nombreuses communications à l'Institut de France sur les remarquables travaux de la codification pénale en Italie et mon récent rapport notamment du 26 janvier 1884 qui contient le résumé historique de cette codification me dispensent d'y revenir.

Le nouveau projet de code pénal italien est, en Europe, un *desideratum* des criminalistes qui en espèrent l'adoption par la Chambre des députés, sous le ministère actuel au Département de la Justice de l'éminent jurisconsulte M. Pessina. C'est sur la proposition de ce ministre que le nombre des membres de la Commission d'examen a été porté à 21 (2), afin d'activer son travail et de permettre d'en choisir les membres sur tous les bancs de la Chambre, parmi les hommes les plus compétents, sans distinction de nuances politiques, pour imprimer au travail de cette Commission l'empreinte

(1) Voir *note finale C*.

(2) La Commission s'est constituée le 8 février 1885, en nommant l'hon. Crispi, président; l'hon. Tajani, vice-président, et secrétaires les hon. Chimirri et Nocito. Comme rapporteur, elle a fait choix de l'hon. Zanardelli, auquel cet honneur devait appartenir comme auteur du projet de code pénal déposé à la Chambre des députés par son honorable successeur M. Savelli. Les autres membres de la Commission sont : MM. Barrazzuoli, Billia, Cuccia, Carolo, Fili-Astolfone, Mangano, Pelosini, Ferraciu, Indelli, de Maria, Fortis, Giuriati, Marcora, Parpaglia, Vastarini Cresi et Villa.

exclusive d'une œuvre civilisatrice et d'un progrès humanitaire.

Ce sera un jour mémorable pour la civilisation de l'Italie
et de l'Europe que celui où ce grand État réalisera par
l'adoption de ce projet de code l'alliance des deux réformes
relatives à l'abolition de la peine de mort et à l'emprisonnement préventif, répressif et pénitentiaire dans la codification pénale à notre époque. Ces deux réformes seront
l'honneur de la civilisation européenne, car elles y viennent
inaugurer dans l'histoire de la législation criminelle l'ère
nouvelle de la philosophie spiritualiste qui, comme je l'ai
déjà dit, ne tue ni l'âme ni le corps, pour constituer à
notre époque l'état normal de la répression.

Faut-il, ainsi qu'on semble le croire, que ce jour ne soit
pas encore rapproché ? On ne saurait trop louer l'excellente
intention qui a inspirée l'accroissement du nombre des
membres de la commission d'examen du projet du code pénal. Mais en élargissant le cercle des opinions dissidentes au
point de vue pénal, faut-il craindre qu'on ne s'expose à
l'écueil de la confusion au lieu de parvenir à l'avantage de
la conciliation ?

Il y a en Italie, que j'appelle la terre classique de la
législation criminelle, tant d'éminents jurisconsultes d'une
valeur à peu près égale que la personnalité des opinions
dissidentes doit y jouer peut-être un trop grand rôle. Les
criminalistes, à l'étranger, semblent commencer à moins
espérer que l'Italie puisse réaliser la condition de l'homogénéité dans l'œuvre si laborieuse de sa codification pénale.

Quant à moi, ma confiance n'est pas ébranlée et j'espère
toujours qu'on obtiendra des éminents jurisconsultes
italiens les sacrifices réciproques qu'impose à leurs opinions
dissidentes l'impérieux besoin de l'unification pénale, complément nécessaire de son unification politique et qui ne
s'est déjà fait que trop longtemps attendre.

Nécessité d'un nouveau Code pénal en France démontrée par ma pétition au Sénat du 24 octobre 1884 et reconnue par le rapport de la Commission sénatoriale des pétitions inséré à l'*Officiel* du 1er mars 1885.

Le premier devoir qui m'était imposé, c'était celui de la lecture à l'Académie du mémoire qui fait l'objet de cette publication, afin de recueillir avec une déférence empressée, les observations de nature à modifier ou affermir les opinions qui y étaient développées. Mais du moment où ce mémoire signalait en France l'état anormal de la répression en matière de crimes capitaux et les moyens d'y remédier, ce n'était plus un travail d'érudition uniquement destiné à la collection des mémoires de l'Académie. Il fallait appeler à la fois sur l'état anormal que je signalais et sur les moyens que je proposais pour y remédier, l'attention de l'opinion publique par voie de publicité et celle du parlement et du gouvernement par voie de pétition.

Ma pétition (1) adressée en 1867 au Sénat de cette époque était restreinte à la suppression des exécutions publiques des condamnés à mort; mais celle que j'ai soumise le 24 octobre 1884 aux délibérations du Sénat actuel avait une plus haute portée.

Je concluais en priant cette haute assemblée de vouloir bien prononcer le renvoi à M. le Ministre de la Justice de cette pétition, tendant: 1° à la suppression de la publicité des exécutions capitales; 2° et principalement à l'urgente élaboration d'un nouveau Code pénal conforme aux besoins moraux de notre époque et aux progrès de la civilisation. Le rapport (2) de la 7ᵉ Commission (8) du Sénat (session ex-

(1) Voir aux *notes finales*.

(2) Voir ce rapport aux *documents annexes*.

(8) Cette Commission se composait de MM. de Parieu président, Leguen secrétaire, Paulmier, d'Andeau, Scheurer-Kestner, Léon Say, Galloni d'Istria, Michaux et Buffet.

3.

traordinaire de 1884) sur ma pétition, publié par le *Journal officiel* du 1ᵉʳ mars 1885, contient les deux décisions suivantes :

La première, exprimant : « le renvoi de la pétition à l'examen de la Commission chargée d'examiner la proposition de loi présentée par l'honorable M. Bardoux (1), déjà votée en première lecture; »

La seconde et la principale, faisant droit à ma demande de renvoi de ma pétition au Ministre de la Justice, en motivant ce renvoi sur l'état anormal de la répression que j'ai signalé, sur les légitimes préoccupations qu'il m'inspire et qui doivent éveiller la sollicitude du gouvernement.

M. le Ministre de la Justice a mis un grand empressement à exprimer au Sénat son adhésion à la suppression de la publicité des exécutions capitales. J'ose espérer que sur la seconde question, alors qu'il s'agit de remédier à l'état anormal de la répression, M. le ministre ne se montrera pas moins favorable à l'urgence d'instituer une commission composée des hommes que leur compétence spéciale, leur esprit progressif et pratique désignent à sa confiance pour l'élaboration d'un nouveau Code pénal. C'est une initiative bien honorable à prendre, et je crois que l'initiative gouvernementale est préférable à l'initiative parlementaire pour ce grand labeur qui demande l'esprit de suite et un ensemble de renseignements que l'Administration seule possède.

Il ne faut pas pourtant croire que ce soit un travail de trop longue haleine. Ce qui doit demander le plus de temps, ce n'est pas le travail d'élaboration par une commission. La Prusse en offre un exemple. Le *Moniteur prussien*, journal officiel, annonçait que la Commission des jurisconsultes de l'Allemagne du Nord qui s'était réunie à Berlin le 1ᵉʳ octobre 1869 pour discuter le projet de Code pénal, sous la

(1) Voir *note finale D.*

tion de cette loi spéciale qui, vraisemblablement
présidence du Ministre de la Justice, avait terminé ses travaux à la fin de décembre, ainsi que l'attestait la lettre de
félicitations que lui avait adressée le Chancelier fédéral le
29 décembre 1869.

Mais les lenteurs de la codification proviennent de la prolongation des débats parlementaires. Là est la difficulté dont
les publicistes et les criminalistes, ainsi que je l'ai dit dans
mon mémoire, cherchent la solution.

En attendant que la France, à l'exemple de l'Angleterre,
renonce au funeste système de la transportation dans lequel
elle a eu l'imprudence de s'engager en 1854, il est une
nécessité plus pressante encore que celle même d'un nouveau Code pénal, c'est la nécessité d'une loi spéciale ayant
pour objet de remplacer par la reclusion solitaire à perpétuité ou à temps (1), l'application de la transportation aux
coupables de crimes capitaux dans des cas de commutation
de la peine de mort.

Par suite de la dangereuse inefficacité de la transportation
qui aggrave le mal auquel elle devait remédier, l'état anormal de la répression réclame en matière de crimes capitaux
la suppression immédiate de la transportation à laquelle
les condamnés aspirent. Il faut reconnaître en effet que la
transportation n'est répressive qu'à l'égard des moins pervers en brisant les liens de famille qui les retiennent encore
à la mère-patrie. Les constructions nécessaires à l'exécu-

(1) Voir *notes finales*.

tion de cette loi spéciale exigeraient vraisemblablement trois à quatre années : on ne pourrait ainsi obtenir la suppression immédiate de la transportation en matière de crimes capitaux à partir du 1ᵉʳ janvier 1886 que par une mesure transitoire, et c'est cette mesure transitoire qu'il s'agit d'indiquer.

Je n'ai jamais visité l'île de Ré, ni par conséquent l'établissement affecté au dépôt des condamnés aux travaux forcés qui y attendent leur transportation à la Nouvelle-Calédonie ou à la Guyane. Cet établissement ne m'est connu que par les renseignements que contient la statistique pénitentiaire publiée par le Ministre de l'Intérieur. Ce ne fut qu'en 1873 que l'on décida que les condamnés à la déportation déposés dans la citadelle Saint-Martin de Ré seraient évacués sur le fort de Quelern, et que les locaux qu'ils occupaient seraient laissés par le département de la guerre à la disposition de celui de l'intérieur, pour servir au dépôt des condamnés aux travaux forcés. Cette évacuation eut lieu au mois de septembre. Le premier convoi de condamnés arriva au dépôt le 24 décembre 1873. Le rapport de la statistique mentionne les dépenses qu'il y eut à faire pour approprier à cette destination nouvelle la forteresse qui ne put offrir des locaux suffisants pour la complète organisation de tous les services.

D'après le dernier volume de la statistique pénitentiaire publiée en 1883, et relatif à l'année 1880, le nombre des transportés pendant cette année 1880 s'était élevé à 728, dont 40 à la Guyane et 688 à la Nouvelle-Calédonie. Sur ces 688, 388 partirent le 12 avril sur *le Navarin*, et 300 sur *la Loire* le 25 septembre. Parmi les 728 transportés, le nombre des condamnés pour crimes capitaux était : parricide, 5 ; assassinat, 124 ; empoisonnement, 1 ; infanticides 5 ; incendie (1) de lieux habités, 56. Total 191.

_____

(1) La statistique porte les transportés pour crime d'incendie au nombre

Voir page suivante. (1)

On voit qu'on ne peut songer à laisser au dépôt de Saint-Martin de Ré pendant trois à quatre années les condamnés pour crimes capitaux auxquels une loi spéciale aurait supprimé l'application de la transportation. Il faut donc recourir à une autre mesure.

Parmi les maisons centrales de force et de reclusion pourvues d'un quartier cellulaire, la loi transitoire en affecterait une en remplacement de la transportation en matière de crimes capitaux. Le quartier cellulaire de cette maison centrale serait particulièrement consacré aux accusés de l'un des crimes capitaux précités qui, reconnus coupables sans admission de circonstances atténuantes par le jury, auraient été l'objet de commutation.

Un règlement d'administration publique déterminerait le régime disciplinaire applicable à cette maison de force et de reclusion. Les condamnés renfermés dans cette maison centrale qu'il y aurait lieu d'évacuer comme affectée au remplacement de la transportation, seraient répartis entre les diverses autres maisons centrales, et si cette répartition devait entraîner quelque encombrement, on éviterait cet inconvénient par une utile mesure d'administration que j'ai souvent recommandée avec la constante approbation du Conseil des Inspecteurs généraux des prisons et établissements pénitentiaires, que j'avais l'honneur de présider.

Je rappellerai cette mesure en quelques mots.

Il y a, comme on le sait, deux degrés bien différents dans la théorie de l'emprisonnement, le degré répressif qui repose sur le principe d'intimidation, et le degré répressif et pénitentiaire qui exige l'alliance et l'action collective des

de 86, mais sans distinguer ceux condamnés pour le cas d'incendie de maisons habitées qui constitue le crime capital. Comme le nombre des accusés d'incendie de maisons habitées reconnus coupables a été d'après le compte rendu de la justice criminelle de 50 en 1880, c'est ce chiffre qu'il y a lieu de comprendre dans les transportés pour crimes capitaux.

deux principes de l'intimidation et de l'amendement. Le principe répressif qui s'adresse aux délits où il n'a pas à combattre dans l'agent une perversité invétérée, procède par voie d'intimidation qui n'exige pas une captivité prolongée. Mais il en est autrement pour le degré répressif et pénitentiaire, parce qu'il n'est pas seulement appelé à intimider, mais à combattre et déraciner par l'action de la discipline et du temps des habitudes vicieuses et criminelles plus ou moins profondément enracinées.

La réforme répressive et pénitentiaire est une orthopédie qui demande l'aide du temps et c'est pour cela que les praticiens sont assez généralement d'accord à exiger pour sa durée le minimum de deux ans comme condition de son efficacité. Les prisons départementales ne renferment actuellement que les condamnés jusqu'à un an. En étendant la limite jusqu'aux condamnés à moins de deux ans, on délivrerait ces maisons centrales d'un élément en quelque sorte nomade qui sous aucun rapport n'a le temps de s'y acclimater, et que la discipline ne peut s'assimiler. Ce serait un service pour les maisons centrales profitable aux prisons départementales elles-mêmes pour lesquelles la brièveté des séjours est un grave obstacle à l'organisation du travail. Aussi cette mesure a-t-elle été souvent sollicitée par des administrations départementales qui ont besoin de trouver dans l'organisation du travail, l'une des meilleures garanties de la discipline.

Quant à la crainte d'encombrer les prisons départementales, il y a deux raisons qui me paraissent l'écarter : je dirai d'abord l'existence, au chef-lieu de plusieurs départements, de bâtiments trop étendus où des locaux restent vacants. J'ajouterai qu'aux termes de la loi du 5 juin 1875, l'emprisonnement individuel est le régime légal des prisons départementales. Or, au point de vue répressif, les peines subies sous le régime de l'emprisonnement individuel doivent être soumises à une réduction dans leur durée que la loi de 1875 porte à un quart. Dans d'autres pays elle est fixée à un tiers et même à moitié. Je crois la réduction d'un quart insuffisante, et on voit dans tous les cas que l'emprisonnement individuel doit entraîner une réduction notable du nombre des journées de présence dans les prisons départementales. On sait du reste que dans ma théorie l'échelle de la durée a pour l'emprisonnement répressif le maximum d'un an ; pour l'emprisonnement répressif et pénitentiaire le minimum de deux ans, et que je considère un an d'emprisonnement individuel comme équivalant à deux ans d'emprisonnement en commun.

Depuis bien des années, je vis en dehors de la politique militante pour ne me livrer exclusivement qu'aux études de la politique civilisatrice et humanitaire. C'est à ce point de vue que je me suis placé dans cette publication et qu'il me semble que commencée par la constatation de l'état anormal de la répression en matière de crimes capitaux, elle devait se terminer par le vœu de l'urgent et commun accord des hommes compétents dans le Gouvernement, dans le Parlement et dans le Pays, à l'effet de concourir au rétablissement de l'état normal de la répression, sinon par les moyens que j'ai indiqués, au moins par ceux que leur suggéreront leurs lumières et les besoins moraux de la situation présente.

Il est sans doute une grave question appartenant à la marche progressive de la civilisation, celle de la peine de mort, qui sans être appelée à faire directement l'objet de cette publication, a dû nécessairement comme je l'ai déjà dit, y occuper une grande place. Je me suis attaché à respecter scrupuleusement dans ce mémoire et l'introduction qui le précède, les convictions différentes qui divisent les meilleurs esprits sur l'opportunité du maintien ou de la suppression de cette peine. C'est le législateur qui doit avoir à se prononcer à cet égard dans le nouveau Code pénal, et le rétablissement de l'état normal de la répression doit obtenir indistinctement le concours des partisans et des adversaires de l'abolition de la peine de mort, puisqu'il ne s'agit que du remplacement de la transportation dans les cas de commutation de la peine de mort.

VIII

Observation finale. L'égalité devant la loi pénale et l'uniformité de son application. Obstacle insurmontable de l'emprisonnement individuel à cet égard dans les condamnations à long terme.

La répression considérée, comme elle l'a été dans cette introduction, au point de vue de la théorie de l'emprisonnement présente une anomalie trop grave pour n'en pas faire l'objet d'une observation finale qui, heureusement, ne concerne pas la France, mais seulement quelques États de l'Europe, particulièrement la Belgique.

Il est une règle consacrée par la législation criminelle, c'est que la nature de la peine permette l'uniformité de son application, afin de ne pas violer le principe fondamental de l'égalité devant la loi pénale. Cette condition s'impose à la nature de la peine au double point de vue de sa légitimité et de son efficacité.

Au nombre des reproches qu'on peut adresser au Code pénal de 1810, ne se rencontre pas du moins celui d'avoir omis de respecter cette règle fondamentale.

En ce qui concerne les *femmes*, la peine de la captivité temporaire y reçoit à tous ses degrés l'uniformité de son application. Quant aux *hommes*, si pour les condamnés aux travaux forcés se produit une exception relative aux sexagénaires, c'est que les travaux extérieurs excèdent les forces de cet âge; et sans les exonérer du travail forcé, la loi y substitue seulement au travail extérieur celui des ateliers intérieurs des maisons centrales de réclusion. Rien de plus rationnel.

Le Code pénal belge de 1867, qui a apporté au Code de 1810 de si importantes et de si nombreuses modifications, a respecté le principe de l'égalité de la loi pénale. Mais la loi du 4 mars 1870 l'a complètement méconnu par son article unique ainsi conçu :

« Les condamnés aux travaux forcés, à la détention, à la réclusion et à l'emprisonnement seront, *autant que l'état des prisons le permettra*, soumis au régime de la séparation. »

Cette loi n'aurait pas dû dire seulement *autant que l'état des prisons le permettra* mais encore *autant que l'état des détenus le permettra*. La prescription de généraliser la peine de l'emprisonnement est une vérité pratique, mais celle de généraliser l'emprisonnement cellulaire est une impossibilité irréalisable, tant par rapport aux divers degrés de l'emprisonnement qu'aux divers individus qui y sont condamnés. Au lieu de l'égalité de l'application de la loi pénale, la Belgique a dû forcément subir les inégalités qu'imposait le régime cellulaire. Au lieu du triage des moralités au point de vue spiritualiste et pénitentiaire, il faut procéder au triage des constitutions individuelles au point de vue physique, et exonérer de l'emprisonnement cellulaire toutes les constitutions impropres à le supporter. Or cet examen médical qui se fait au début se renouvelle pendant tout le cours de l'emprisonnement individuel dans tous les cas, et ils sont assez fréquents, où le besoin s'en fait sentir.

A quoi cela tient-il ? A cette vérité qu'on ne peut appliquer à des condamnés à long terme l'isolement cellulaire, parce que ces condamnés sont des hommes, et que la sociabilité est pour l'homme la loi de sa nature. On veut réagir par la loi pénale contre la loi naturelle, et dans cette impuissante réaction, c'est la loi naturelle qu'on ne peut supprimer. Pour que la loi belge du 4 mars 1870 portât sa propre réfutation, il suffirait de lui donner pour épigraphe

ces mots de Bacon: « *Natura non imperatur nisi pa-*
rendo. »

La loi belge commet une grande erreur quand elle voit
dans la réunion des condamnés à long terme, le mal absolu,
et dans le régime de la séparation, le moyen unique d'y remédier.

M. de Tocqueville dit qu'au pénitencier de Philadelphie,
il n'y a pas de récompense, et la punition doit même y être
bien rare. Cela est logique, car dans l'isolement cellulaire,
il n'y a pas de récompenses et peu de punitions à mériter.
Ce n'est que dans la réunion que la discipline répressive et
rémunératoire peut être appelée à fonctionner avec ses
deux grands mobiles de la crainte et de l'espérance. Or
quand on sait organiser et utiliser son puissant concours,
au sein de la réunion, on en retire une grande efficacité.
La moralisation collective et la moralisation individuelle
ne sont possibles que par une bonne organisation disciplinaire de la vie et du travail en commun. Là seulement on
peut arriver à l'une et à l'autre, et à l'une par l'autre (1).

Ceux qui croient à l'incompatibilité de la vie en commun
avec un régime pénitentiaire n'ont pas suffisamment ré-
fléchi que partout où il y a, ainsi que je l'ai dit, souvent,
réunion d'individus, il se produit un esprit de corps. C'est
à une discipline intelligente, à ne pas laisser cet esprit de
corps naître et se développer de lui-même, mais à savoir
prendre les devants, en s'attachant avec le plus grand soin
à le former et à le diriger. La discipline qui sait créer l'esprit de corps de la réunion, d'individus qu'elle est chargée
de diriger, y trouve sa force. Mais si elle ne sait pas s'approprier cet esprit de corps, du moment où elle ne l'a pas

(1) Voir lettre à M. Faustin Hélie, membre de l'Institut, sur les inconvénients de la prolongation de l'emprisonnement individuel et de l'agglomération de la population dans les établissements pénitentiaires (15 octobre
1877.) Insérée dans le Bulletin n° 3 de la Société générale des prisons.

pour elle, elle l'a contre elle; et alors, c'est là son plus grand obstacle et la cause principale de ses embarras et de ses échecs.

C'est pour moi une vérité pratique, car j'en ai fait l'expérience dans l'organisation disciplinaire de la colonie agricole, répressive et pénitentiaire d'essai du Val d'Yèvre, affectée aux jeunes détenus. Un praticien d'une grande notoriété, M. le comte Sollohub, rapporte qu'il en a fait l'heureuse épreuve à son tour à Moscou dans une prison de condamnés adultes placés sous son habile direction.

Mais quand on se place à la fois en face de la promiscuité et de l'excès de l'agglomération de 1,000 à 1,500 condamnés, il n'est pas étonnant que ces deux impossibilités à la réalisation de l'emprisonnement répressif et pénitentiaire en rendent le problème insoluble.

Il y a en Europe deux pays qui ne sont séparés par aucun fleuve, par aucune chaîne de montagnes, mais seulement par des bornes de frontières; deux pays qui ont de communs souvenirs historiques, qui parlent la même langue et conservent de grandes affinités dans les mœurs et dans les lois; j'ai nommé la France et la Belgique. Ces deux pays qui dans la sphère de l'économie sociale et politique se rapprochent assez habituellement dans les appréciations théoriques et pratiques, sont ceux qui, à l'égard de l'emprisonnement individuel, ont suivi en Europe les deux directions les plus opposées, l'un en lui accordant une confiance illimitée, tandis que l'autre, au contraire, dans la limite même de la durée à moins d'un an admise par la loi du 5 juin 1875, ne procède qu'avec la regrettable lenteur de l'indifférence à l'exécution de cette loi.

"Au lieu de se jeter par la loi du 4 mars 1870 dans l'imprudente exagération d'appliquer le régime cellulaire aux condamnés à long terme, le législateur de la Belgique, ce pays si éclairé, si sympathique aux réformes civilisatrices, si dévoué au progrès humanitaire, n'a-t-il point à regretter de n'avoir pas eu la sagesse de la loi française du 5 juin 1875, en limitant l'application de l'emprisonnement individuel aux détenus avant jugement et aux petits délinquants pour une durée d'un an au plus ? La Belgique aurait ainsi acquis le droit de dire aujourd'hui à la France : « Vous êtes nos maîtres en théorie (1), » nous sommes les vôtres dans l'application pratique.

Cette introduction a été uniquement motivée par le besoin de justifier, à l'égard des deux réformes relatives à l'abolition de la peine de mort et à la théorie de l'emprisonnement, la persévérance de mes principes, sans avoir assurément la pensée de méconnaître le respect que j'éprouve pour les opinions des criminalistes distingués qui ne partagent pas les miennes.

(1) Le savant Stevens, en s'adressant à la France, a souvent dit : « *Vous êtes nos maîtres en théorie.* »

A L'ACADÉMIE FRANÇAISE

ET

A L'ACADÉMIE DES SCIENCES MORALES ET POLITIQUES

Rétablie en 1832

Je crois remplir un devoir, comme doyen de la réforme répressive et pénitentiaire, en priant l'Académie française et l'Académie des Sciences morales et politiques, de vouloir bien agréer le respectueux témoignage de profonde gratitude qui leur est dû pour avoir si puissamment concouru:

L'Académie française par les persévérants encouragements des prix Monthyon ;

L'Académie des Sciences morales et politiques par les travaux de ses membres (1) et par ceux de ses correspondants (2) français et étrangers ;

A appeler sur cette réforme civilisatrice et humanitaire les études de la science, les indications de l'expérience, les sympathies de l'opinion publique et la sollicitude des gouvernements.

Paris, Avril 1885,

Ch. LUCAS.

(1) Notamment Bérenger, Gustave de Beaumont, Caro, Léon Faucher, Faustin Hélie, Franck, Lelut, Jules Simon, de Tocqueville, Ch. Vergé.

(2) Cantu, Demetz, Julius, Lieber, Livingston, Mittermaier, d'Olivecrona, Thonissen.

DE
L'ÉTAT ANORMAL EN FRANCE
DE LA RÉPRESSION
EN MATIÈRE DE CRIMES CAPITAUX
ET
DES MOYENS D'Y REMÉDIER

Mémoire lu à l'Académie des Sciences morales et politiques

aux séances des 9 août, 18 septembre, 17 octobre, 22 novembre et 20 décembre 1884

DE

L'ÉTAT ANORMAL EN FRANCE

DE LA RÉPRESSION

EXPOSÉ PRÉLIMINAIRE

OBJET ET DIVISION DE CE MÉMOIRE.

Parmi les conditions qui constituent l'efficacité des peines, et par conséquent l'état normal de la répression, il en est quatre principales : l'exemplarité, la certitude de l'exécution, l'intimidation et la graduation. L'objet de ce mémoire est de constater successivement l'état anormal de la répression en France en matière de crimes capitaux, sous le rapport de chacune de ces quatre conditions.

Ce mémoire se divise en quatre titres. Les trois premiers, sont relatifs à la constatation de l'état anormal en France de la répression en matière de crimes capitaux, en ce qui concerne les quatre conditions précitées.

Il ne faudrait pas chercher l'intention d'un classement méthodique dans l'énumération de ces quatre conditions qui auraient dû concourir à l'état normal de la répression en matière de crimes capitaux, et qui, par suite de leur mauvais fonctionnement, sont au nombre des causes principales de l'état anormal. Dans cette énumération, la priorité de l'exemplarité n'est due qu'au projet de loi sur la suppression de la publicité des exécutions capitales proposée par l'honorable sénateur M. Bardoux et qui doit être l'objet au Sénat d'une prochaine discussion.

1.

Le quatrième titre concerne les moyens de remédier à
cet état anormal de la répression.

Dans ce mémoire consacré à l'état anormal de la répression en matière de crimes capitaux, la question de la
peine de mort doit nécessairement trouver place, mais
cette place y est restreinte strictement à l'objet de ce mémoire, c'est-à-dire à la constatation de l'état anormal de la
répression sous le rapport des quatre conditions de l'exemplarité, de la certitude d'exécution, de l'intimidation et
de la graduation des peines.

La question générale de la légitimité et de l'efficacité de
la peine de mort et de l'origine du droit de punir est une
question réservée pour la préface de la réimpression de
mon ouvrage sur le *Système pénal et répressif en général
et la peine de mort en particulier*, préface dont j'aurai
l'honneur de donner lecture à l'Académie, dans le cours de
l'année prochaine, afin de la soumettre à son appréciation.
Le but unique de ce mémoire est d'indiquer les causes de
l'état anormal de la répression en matière de crimes capitaux et quelques moyens d'y remédier, en donnant des
développements nouveaux à ces indications puisées aux
sources officielles en France et à l'étranger et dont plusieurs étaient inédites.

Je me suis placé dans ce mémoire à un point de vue qui
intéresse tous les criminalistes, adversaires ou partisans de
la peine de mort indistinctement, parce que tous ont également à cœur de donner à l'ordre social en matière de
crimes capitaux, les garanties que réclament les exigences
de la réforme répressive et pénitentiaire qui est appelée à
assurer le maintien de l'ordre social dans la codification
pénale destinée à régir les sociétés modernes. Mais il ne
faut pas se méprendre sur le caractère de la réforme ré-

pressive et pénitentiaire, et sur le véritable sens qu'on doit
y attacher. La doctrine que j'ai professée avec persévérance dans mon système pénal et répressif en 1827 et dans
les écrits qui l'ont suivi, c'est qu'au xix° siècle devait se
réaliser l'avènement de la philosophie spiritualiste dans la
codification de la législation criminelle, par l'intime alliance
des deux principes de l'intimidation et de l'amendement
sous le nom précité de réforme répressive et pénitentiaire.
Mais au lieu de respecter l'intime alliance de ces deux
principes, la tendance de l'école philanthropique a été de
sacrifier le premier au second, au grand préjudice de la
répression.

Parmi les représentants de cette école, il en est même, et
notamment le savant Rœder en Allemagne, qui ont fait du
principe unique de l'amendement le fondement du droit du
premier. D'autres représentants de cette école, en admettant
l'alliance des deux principes de l'intimidation et de l'amendement ont dénaturé le sens du second en lui donnant un
but purement humanitaire, au lieu du but préventif de la
récidive auquel il doit sa raison d'être. Enfin, il s'est introduit un usage regrettable à l'égard de la désignation de la
réforme répressive et pénitentiaire, celui de l'appeler par
abréviation *réforme pénitentiaire*, qui n'exprime que le
principe de l'amendement au détriment de celui de l'intimidation et familiarise trop les esprits à ce sens exclusif.

J'ai cru devoir, dans cet exposé préliminaire, donner ces
explications sur la réforme répressive et pénitentiaire dont
il est si souvent parlé dans ce mémoire, afin qu'on ne
puisse se méprendre sur le véritable sens théorique et pratique que j'ai attaché à cette réforme dont je suis le doyen
et qui, à ce titre, m'est si chère.

TITRE I.

DE L'ÉTAT ANORMAL DE LA RÉPRESSION EN MATIÈRE DE CRIMES CAPITAUX SOUS LE RAPPORT DE LA CONDITION DE L'EXEMPLARITÉ.

La publicité des exécutions capitales a été prescrite par le Code pénal de 1810 comme condition en principe de l'exemplarité ; mais au temps présent, dans plusieurs Etats de la République américaine et de l'Europe, cette publicité a été supprimée comme incompatible avec l'état normal de la répression.

Il s'agit, dans cette première partie, d'exposer et d'apprécier les raisons qui doivent déterminer la France à reconnaître l'incompatibilité de la publicité des exécutions capitales avec la condition de l'exemplarité qu'exige l'efficacité de la répression.

Tel est l'objet des deux paragraphes suivants.

§ I

Les progrès à l'étranger de la suppression de la publicité des exécutions capitales et ses ajournements en France.

Mouvement progressif de cette réforme à l'étranger. — Ma pétition en France, au Sénat de l'empire, du 26 mars 1867. — Ajournement du rapport à près de trois ans. — Mémorable discussion du 29 décembre 1869. — Projet de loi préparé sous le dernier ministère de M. Dufaure, repris et déposé par son successeur M. le garde des sceaux Le Royer à la Chambre des députés, le 20 mars 1879. — Proposition de loi de M. le sénateur Bardoux, déposée le 10 juin 1884.

La législation criminelle, dans la marche progressive de ses perfectionnements, porte souvent l'empreinte de l'impulsion civilisatrice de la France.

C'est la France qui, par l'influence de ses encyclopédistes, assez peu initiés du reste aux principes de la réforme de la législation criminelle, a inspiré à Beccaria la pensée de ce livre célèbre où, si les principes fondamentaux de l'abolition de la peine de la mort ne se rencontrent pas encore, se trouve du moins le point de départ mémorable de cette réforme.

C'est la France qui, à la fin du xviiie siècle, a introduit pour la première fois, au sein des assemblées législatives, la discussion de la suppression de l'échafaud.

C'est elle encore qui, dans notre siècle, après un silence de vingt-cinq années en Europe sur la question de la peine de mort, a rappelé par l'influence de la société de la morale chrétienne, l'esprit d'examen sur la légitimité et l'efficacité de cette peine, et a dirigé le mouvement abolitionniste dans cette voie prudente et féconde de la réforme pénitentiaire, où il se conformait à la fois aux meilleures conditions de son succès et aux véritables aspirations de notre civilisation.

Enfin, c'est le gouvernement français qui, par cette belle création du compte-rendu (1) statistique de l'administration de la justice criminelle dont les pays étrangers n'ont pu qu'imiter, mais jamais surpasser la remarquable et consciencieuse exécution, venait inaugurer en 1825 dans la codification pénale, sur le mouvement de la criminalité, la

_____

(1) Voir ma lettre adressée le 31 août 18.. à M. le Président de l'Académie des Sciences morales et politiques, et insérée dans le *Compte-Rendu des séances et travaux de l'Académie*, où est signalée l'importance du document publié par le ministère de la Justice sous le titre de *la Justice en France de 1826 à 1880*. Cette lettre cite les deux hommes d'une renommée si bien méritée en Europe, parmi les statisticiens, auxquels est due l'organisation administrative et scientifique des statistiques criminelle, civile et commerciale, au ministère de la Justice, MM. Arondeau et Yvernès. L'Académie des Sciences leur a décerné successivement le prix de statistique criminelle en 1856, et de statistique civile et commerciale en 1877.

méthode d'observation dont le flambeau n'avait pas éclairé les appréciations des siècles précédents.

On doit bien avouer toutefois que le génie civilisateur de la France s'attarde parfois dans la marche du progrès humanitaire. La question de la suppression de la publicité des exécutions capitales en est un exemple. Cette question, en effet, résolue chez tant de peuples de l'Europe et des Etats-Unis, attend encore en France sa solution, quoique pourtant on voie se renouveler les scènes scandaleuses qui ont motivé à l'étranger la suppression de la publicité de ces exécutions.

Je citerai l'autorité des précédents.

L'honneur de l'initiative en matière de la suppression de la publicité des exécutions capitales appartient aux Etats-Unis où, à partir de 1825, les Etats de New-York, de Massachussets, de Pensylvanie, d'Ohio, de Maryland, et plusieurs autres Etats septentrionaux prescrivirent successivement que les arrêts de condamnations à mort seraient exécutés dans l'intérieur d'une prison, ou dans une enceinte fermée, en présence d'un certain nombre de magistrats et de témoins appelés à constater l'exécution et à signer le procès-verbal qui est ensuite publié par les journaux.

Deux petits États d'Allemagne, le duché de Saxe-Altembourg et la principauté de Schwarzbourg-Sandershausen, furent les premiers en Europe à imiter l'exemple donné par plusieurs des États de l'Union américaine. Bientôt la Prusse, après quelques hésitations sous l'impression des fâcheux effets des exécutions publiques et des judicieuses critiques du savant criminaliste Abbegg, introduisit cette innovation dans le projet de Code pénal de 1847, et la sanctionna définitivement dans le Code pénal de 1861.

Il était facile de prévoir que cette décision de la Prusse exercerait une influence considérable sur les autres États de l'Allemagne. Aussi son exemple fût-il successivement suivi par la ville libre de Hambourg, le grand duché de Bade, les royaumes de Saxe et de Wurtemberg.

Enfin, la Bavière elle-même adopta cette mesure par l'art. 15 de son Code pénal de 1861. Mais afin de ne pas violenter les sentiments de plusieurs personnes qui, même parmi les magistrats, répugnaient à l'obligation d'assister à l'exécution des arrêts de la justice, cet article porte : que cette obligation n'existe ni pour les personnes convoquées par le chef de la commune, ni pour les remplaçants désignés par la commission judiciaire, et que leur absence n'empêche pas l'exécution de la peine.

Au sein du grand conseil de Berne, il fut décidé en 1864, à une majorité de 110 voix sur 162 votants, que les exécutions capitales auraient lieu dans une enceinte dont l'accès serait interdit au public.

En 1865, dans le royaume d'Italie, le ministère de la justice proposa au nom du gouvernement, à la Chambre des députés, la suppression de la publicité des exécutions capitales.

En Angleterre, trois commissions d'enquête ont été successivement saisies en 1840, 1856 et 1865 de l'étude de cette question. Les conclusions de la dernière de ces commissions pour la suppression des exécutions publiques ont servi de base au bill soumis en 1868 à la sanction du Parlement.

Tandis que cette réforme poursuivait son mouvement progressif en Europe et aux États-Unis, ses ajournements se prolongeaient en France où la presse quotidienne et périodique n'omettait pas pourtant à chaque exécution capitale d'en signaler la funeste influence sur les mœurs du peuple.

La promulgation en 1868 du bill qui supprimait en Angleterre les exécutions publiques me parut le moment favorable d'appeler l'attention du Sénat de l'Empire sur l'opportunité pour la France de réaliser enfin à l'exemple des nations les plus civilisées la suppression de la publicité des exécutions capitales.

Près de trois années s'écoulèrent avant que ma pétition. publiée et distribuée à tous les membres du Sénat, le 26 mars 1867, devint enfin l'objet du rapport de la commission chargée de son examen et de la mémorable discussion du Sénat, le 29 décembre 1869. A la suite de cette discussion, ma demande appuyée par plusieurs sénateurs et vivement combattue par le conseiller d'État, commissaire du gouvernement, et surtout par M. Baroche lui-même, garde des sceaux, fut repoussée malgré l'éloquent rapport de M. de Mentque, au nom de la commission sénatoriale qui concluait en faveur du renvoi de la pétition au ministre de la justice.

Un meilleur sort semblait réservé à ma conclusion dans la Chambre élective où, dès les premiers mois de 1870, M. le député Steenackers la renouvelait par voie d'initiative parlementaire avec l'appui du gouvernement. La guerre vint malheureusement entraver les espérances qu'on avait conçues, mais sans les détruire.

M. Dufaure, pendant son dernier ministère, institua une commission pour la suppression de la publicité des exécutions capitales, qui s'inspira des idées repoussées par le Sénat de 1866 et accueillies par le Corps législatif dès les premiers mois de 1870. Le projet de loi préparé par M. Dufaure fut repris par l'honorable M. Le Royer, devenu garde des sceaux, qui le déposa à la séance du 20 mars 1877 sur le bureau de la Chambre des députés.

Depuis six ans que ce dépôt a eu lieu, ce projet de loi n'a été l'objet d'aucun rapport et aucune commission n'en a été saisie. Un membre éminent du Sénat, M. Bardoux, après avoir constaté ce singulier oubli, a été heureusement inspiré en usant de son initiative parlementaire pour mettre enfin un terme aux regrettables hésitations en France sur l'opportunité de supprimer la publicité des

exécutions capitales. Son projet de loi, déposé à la séance
du Sénat du 10 juin, est précédé d'un remarquable exposé
des motifs. La proposition de supprimer l'exécution publique des condamnés à mort est un vœu qui nous est
commun, mais qui doit être considéré séparément sous le
rapport moral et sous le rapport pénal.

§ 11

*La suppression des exécutions publiques considérée sous le
rapport moral et sous le rapport pénal.*

Accord des criminalistes sous le rapport moral pour la suppression des
exécutions publiques. — Divergences sur la question de l'exemplarité.—
Opinion de M. Baroche, garde des sceaux, pour le maintien de la publicité. — Proposition de loi du 5 juillet 1884, au Sénat, par M. Edouard
Charton, pour la suppression de l'article 12 du Code pénal.

Sous le rapport moral, M. le sénateur Bardoux développe
dans sa proposition de suppression de la publicité des exécutions capitales, la même idée que j'exprimais dans l'épigraphe de ma pétition au Sénat de l'Empire, ainsi conçue:
« Au moment où la France fait de si grands sacrifices pour
« moraliser le peuple par l'instruction primaire, ce serait
« une singulière inconséquence de maintenir les exécutions
« publiques qui dégradent son caractère et pervertissent
« ses mœurs. »
L'honorable sénateur, dans son exposé, ne donne malheureusement qu'une description trop véridique des scènes
scandaleuses qui enlèvent à la justice son caractère de
grandeur et de haute moralité sociale : « Tantôt, c'est la
« fanfaronnade du condamné qui s'efforce au moment de
« mourir de faire preuve de courage; tantôt, c'est l'attitude
« de la foule elle-même, manifestant par des applaudisse-
« ments, par des plaisanteries, sa grossièreté et son cynisme;
« tantôt, c'est l'impression plus triste encore produite par
« une lutte désespérée engagée avec l'exécuteur par le con-

« damné ; tantôt enfin, quoique ce soit plus rare, c'est la
« maladresse de l'exécuteur lui-même, aggravant la souf-
« france et effaçant ainsi dans le public le sentiment du res-
« pect de la loi. »

On connaît la récente et mémorable circulaire de M. le
Ministre de l'Intérieur qui, judicieux interprète de la loi
de 1850, a prohibé le sanglant spectacle des courses de tau-
reaux. Comment pourrait-on tolérer en France la prolongation de la publicité de l'exécution des condamnés à mort,
donnée au peuple en spectacle avec les scènes scandaleuses
qu'on vient de décrire, à l'époque où sont prohibées les
exhibitions du meurtre des animaux, prohibition qui, comme
le dit le Ministre, ne s'inspire pas d'un sentimentalisme
exagéré, mais d'un légitime souci de la dignité et des mœurs
publiques.

Sous le rapport moral, le vœu de la suppression des exécutions publiques ne peut guère trouver de contradicteurs.
Mais il n'en est pas de même sous le rapport pénal.

Ici se produit une question fort controversée, celle de
savoir si la suppression de la publicité des exécutions capitales doit affermir ou affaiblir les conditions du maintien
de la peine de mort. Il y a sur la peine de mort deux écoles
opposées, l'une qui aspire à son abolition, c'est l'école abolitionniste ; l'autre qui en veut la conservation, c'est l'école
anti-abolitionniste. Ces deux écoles comptent des hommes
d'une grande valeur dont les convictions commandent un
égal respect à ceux qui ne les partagent pas.

Dans ma pétition de 1867, au Sénat de l'Empire, après
avoir reconnu la nécessité de la suppression des exécutions
publiques sous le rapport moral, c'est en me plaçant sous le
rapport pénal au point de vue du développement graduel du
mouvement abolitionniste, que j'ai hautement affirmé que
c'était évidemment enlever à la peine de mort une des conditions essentielles à l'efficacité des peines, celle de l'exemplarité qu'elle avait eue sous d'autres mœurs ou en d'autres

temps. J'ai donc vu là un nouveau symptôme de la date plus
ou moins rapprochée de son abolition, et l'école abolitionniste ne saurait avoir d'autre opinion. Mais dans l'école
anti-abolitionniste au contraire, la suppression de la publicité des exécutions capitales donne lieu à des appréciations
bien différentes. Tandis que M. le sénateur Bardoux considère dans son projet de loi la suppression de la publicité
des exécutions capitales comme une condition nécessaire
au maintien de la peine de mort, M. Baroche, garde des
sceaux, éprouvait le sentiment opposé dans la mémorable
discussion du 29 décembre 1869, concernant ma pétition
précitée, et l'exprimait en ces termes :

« M. Lucas, il ne le dissimule pas, veut et poursuit l'abo-
« lition de la peine de mort ; je ne l'en blâme pas, sa persis-
« tance est très honorable ; mais il faut examiner en face
« cette opinion avant de faire bon accueil aux moyens qui,
« dans la pensée de l'auteur, doivent amener ce résul-
« tat. »

Puis, à l'égard des arguments invoqués à l'appui de la
suppression des exécutions publiques, il ajoute : « Je main-
« tiens que tous les arguments vont contre la peine de mort,
« car si l'exécution de la peine de mort est un scandale,
« comment qualifier une législation qui conserve cette
« peine ? Si la peine de mort a été conservée, c'est à cause
« de l'exemplarité, de l'effet produit par l'exécution de cette
« peine. Quoi ! la société maintiendra le droit qu'elle a et
« qu'elle croit devoir conserver de frapper de mort celui qui
« a frappé de mort son semblable, et elle se cachera pour
« exécuter son arrêt ! Il faut qu'il y ait publicité précisé-
« ment au nom même de tous les intérêts que M. le rappor-
« teur a exposés ; il faut qu'il y ait publicité pour que la loi
« n'ait pas l'air de se cacher lorsqu'elle fait exécuter ses
« arrêts ; il faut qu'il y ait publicité, parce que si le malheur
« veut qu'un grand coupable placé dans je ne sais quelle
« situation, soit frappé par la justice, on ne puisse dire,

« comme, on l'a dit quelquefois, qu'il n'y a pas eu d'exécu-
« tion, qu'il y a eu substitution d'un cadavre à un autre,
« bien entendu. Le doute ne peut être permis.

« En définitive, il faut comparer l'avantage, l'intérêt
« moral, légal, qu'il y a à maintenir l'exécution publique de
« la peine de mort, au scandale qui quelquefois pourra se
« produire.

« Quant à moi, je ne crains pas de l'avouer, je suis parti-
« san du maintien de la peine de mort, et c'est pour cela que
« je demande le maintien de l'exécution telle qu'elle existe. »

On voit qu'à l'égard du discrédit dont la suppression de la
publicité devait frapper le maintien de la peine de mort,
l'appréciation de M. Baroche était la même que la mienne
et que la conclusion seule se trouvait bien différente.

Il est une considération qu'on ne doit pas omettre : en
transportant l'échafaud de la place publique dans une cour
intérieure de la prison, on ne supprime pas réellement,
mais on restreint seulement la publicité de l'exécution. Il
faut à cette exécution restreinte une assistance, des témoins
pour la constater et en signer le procès-verbal. Or, où
va-t-on choisir et désigner ces témoins ? Parmi la portion
la plus éclairée de la société, parmi les hommes auxquels le
sanglant spectacle d'une exécution capitale inspire la plus
profonde aversion.

Notre savant confrère, M. Edouard Charton, vivement ému
de cette considération, a fait le 5 juillet, sous l'inspiration
d'un sentiment élevé, le dépôt au Sénat dont il est membre,
d'une proposition tendant à l'abrogation de l'article 12 du
Code pénal, portant que tout condamné à mort aura la tête
tranchée. Il est sympathique à la proposition de M. Bardoux:
« mais si le Parlement, dit-il dans son exposé des motifs,
« vote cette sage proposition, continuera-t-on à mutiler les
« corps des condamnés devant les personnes que leurs fonc-
« tions rendraient les témoins obligés de l'exécution des
« sentences de mort ? S'il faut que les condamnés meurent,

« est-il indispensable qu'on tranche leurs têtes ? Ne peut-
« on infliger la mort par un procédé moins barbare ?.....
« Pour ce que l'on peut substituer au mode de supplice ac-
« tuel, on n'a qu'à interroger la science: elle est prête à
« indiquer un moyen de destruction de la vie, aussi sûr que
« la décapitation, plus prompt et moins cruel. »

Quant à moi, adversaire depuis plus d'un demi-siècle de
la peine de mort, je ne commettrai pas l'inconséquence de
rechercher un nouveau moyen d'exécution. Je continuerai
à demander aux sciences morales de mettre le coupable
d'homicide prémédité hors d'état de nuire, en lui imposant
dans le confinement cellulaire le triple châtiment de la captivité, de l'isolement et du remords.

Au résumé donc, la suppression de la publicité des exécutions capitales, est, sous le rapport moral, je le répète, un
vœu commun et urgent à réaliser, qu'attestent la proposition récente de l'honorable M. Bardoux au Sénat actuel, et
ma pétition précédente au Sénat de 1867. Mais sous le rapport pénal, je crois avec M. Baroche qu'on doit plutôt considérer cette suppression comme un acheminement inévitable vers l'abolition de la peine de mort qu'un argument à
l'appui de son maintien.

Je crois être ainsi autorisé à conclure que la réalisation
progressive de cette réforme en Europe et aux États-Unis,
est un heureux symptôme en faveur du mouvement abolitionniste, puisque cette suppression enlève à la peine de
mort l'exemplarité sur laquelle le législateur avait compté
et qui est l'une des conditions essentielles de la répression.
Une peine dont l'exécution publique est qualifiée par M. le
sénateur Bardoux, un scandale à supprimer, ne peut aspirer à un long avenir dans la marche de la civilisation (1).

(1) J'ai cru devoir renouveler par une pétition adressée au Sénat actuel,
le 24 octobre 1884, la conclusion de ma pétition précédente de 1867,
mais en y ajoutant le vœu plus important encore de l'urgente élaboration d'un nouveau code pénal (v. titre IV de ce mémoire).

TITRE II.

DE L'ÉTAT ANORMAL DE LA RÉPRESSION EN MATIÈRE DE CRIMES CAPITAUX SOUS LE RAPPORT DE LA CONDITION DE LA CERTITUDE DE L'EXÉCUTION.

La certitude de l'exécution d'une peine est pour l'efficacité de la répression la condition de son état normal. La peine de mort, devenue aujourd'hui publiquement inexécutable et si souvent inexécutée, impose à la répression, par la progression des commutations dont elle est l'objet, l'état anormal que je vais démontrer dans ce deuxième titre par le témoignage historique et par celui de la statistique.

§ 1er

De l'inefficacité de la répression en matière de crimes capitaux, provenant de la progression des commutations de la peine de mort et de l'exception de jour en jour plus restreinte de son exécution. — Point de vue historique.

Réveil en 1814 des idées libérales et réformatrices. — L'antique prérogative des souverains en matière de grâce et de commutation. — La compétence moderne du jury par l'admission des circonstances atténuantes.

Lorsque le législateur du Code pénal de 1810, qui était loin de porter l'empreinte de l'esprit progressif et humanitaire, plaça la peine de mort au premier degré de son échelle pénale, c'était avec l'intention qu'elle vint y remplir comme les autres peines, par la certitude de son exécution, la condition de l'efficacité qu'il en attendait.

Le législateur, s'était abstenu d'étendre au jury, en pareille matière la disposition relative à l'admission des circonstances atténuantes, du reste si restreinte par la rédaction de l'art. 463 du Code pénal à cette époque ; et la seule voie ouverte à la commutation de la condamnation capitale, était, comme pour toutes les autres peines, le recours à la clémence du souverain. Dans les premières années de la publication du Code pénal de 1810, l'exécution de la peine de mort fut donc la règle et la commutation l'exception. On se demandera comment l'exception est devenue aujourd'hui la règle, ainsi que je le démontrerai par les témoignages de la statistique dans le paragraphe suivant.

1814 fut la date du réveil en France et même en Europe des idées libérales et réformatrices, et la réforme pénale était au nombre de celles que réclamait l'esprit du temps. On vit se reproduire dans les livres des criminalistes et des publicistes les discussions qu'avait soulevées dans le siècle précédent la question de la peine de mort. Un double concours ouvert à Paris et à Genève, vint même en 1826, par un appel aux criminalistes de l'Europe, stimuler la liberté d'examen sur l'efficacité et la légitimité de cette peine.

Cette situation dut nécessairement en France et en Europe impressionner vivement l'esprit et troubler même la conscience des souverains et chefs d'État qui s'inquiétèrent de leur responsabilité et éprouvèrent à signer un arrêt de mort une aversion qui les honore. Cette aversion eut une grande influence sur le nombre progressif des commutations que l'administration de la justice criminelle vint généralement apporter aux condamnations à mort, dans tous les États de l'Europe et par conséquent en France.

Mais un autre fait vint accroître en France, dans une proportion plus considérable, les commutations de la peine de mort, ce fut la disposition qui appela en 1832 le jury à se prononcer sur l'admission des circonstances atténuantes en matière d'accusations capitales. Le législateur avait entendu que le jury n'eut à s'occuper dans ses appréciations que de la nature du crime et de la culpabilité, et non de celle de la peine; mais le jury agissant trop fréquemment en sens opposé, se fit de l'admission des circonstances atténuantes un moyen de commutation de la peine de mort.

Quand il s'agit des peines privatives de la liberté, le jury ne se préoccupe que de déclarer la culpabilité, et une fois qu'il l'a déclarée en son âme et conscience, la possibilité d'une erreur judiciaire ne se présente guère à son esprit, rassuré d'ailleurs par la réparabilité de la peine prononcée. Mais quand il est question de la peine de mort à laquelle se rattachent, outre la préoccupation de l'irréparabilité, les opinions divergentes sur l'efficacité et sur la légitimité même de son application, le jury doit nécessairement plus ou moins les refléter, et ce n'est pas seulement la question de la culpabilité, mais celle de la peine prononcée qui préoccupe son esprit et qui inquiète sa conscience.

Au moment du tirage au sort pour la formation du jury, il y a du côté de la nature de la peine, dans ce trouble des consciences, une chance de commutation pour l'accusé d'assassinat. De là, ces acquittements scandaleux, ces admissions de circonstances atténuantes, qui blessent la conscience publique. Au point de vue pénal, social et moral, il y a là un péril dont la statistique nous aidera à dégager la gravité.

§ II

Point de vue statistique. — Double origine des commutations par le jury, et par les souverains et chefs d'État. — Progression des commutations par le jury.

Double origine et progression des commutations provenant en premier lieu des déclarations de circonstances atténuantes par le jury, et en second lieu des décisions des souverains et chefs d'État. — Commutations par le jury de la peine de mort en France, à l'égard des accusés de crimes capitaux reconnus coupables, mais avec admission de circonstances atténuantes.

Les commutations en matière capitale ont une double origine par rapport aux accusations et aux condamnations. Parmi les accusés, ceux reconnus coupables par le jury le sont avec ou sans l'admission de circonstances atténuantes. Dans le premier cas, a lieu de plein droit la commutation de la peine de mort, et dans le second, la condamnation à cette peine.

Telle est la première origine des commutations qui résultent des admissions par le jury des circonstances atténuantes en faveur des accusés de crimes capitaux qu'il a reconnus coupables, et c'est là, pour les commutations en matière capitale, l'élément le plus considérable.

La seconde origine provient des décisions des chefs d'État sur le pourvoi des condamnés qui sollicitent la commutation de la peine prononcée.

Il s'agit de demander aux comptes-rendus statistiques de l'administration de la justice criminelle en France, la constatation des commutations en matière capitale provenant de cette double origine. On ne saurait puiser à une meilleure source. Ce compte-rendu, dont la France a pris à son grand honneur l'initiative en 1825, est le plus complet et le plus estimé qui existe. L'autorité de son existence s'est accrue par la publication en 1882, sous l'administration de M. Humbert, ministre de la justice, du travail intitulé : *La justice en France de 1826 à 1880*, dû à l'habile directeur de la statistique criminelle, civile et commerciale au ministère de la justice, M. Yvernès. Ce travail a justifié sa grande renommée parmi les statisticiens de l'Europe.

Je m'occuperai d'abord des commutations de la peine de mort provenant de l'admission des circonstances atténuantes en faveur d'accusés de crimes capitaux reconnus coupables. Un tableau, pour les 11 périodes quinquennales écoulées de 1826 à 1880, du nombre réel des accusés de crimes capitaux reconnus coupables, mais avec l'admission de circonstances atténuantes, exigerait un travail trop considérable de dépouillement de la volumineuse collection du compte-rendu statistique de l'administration de la justice criminelle.

Mais il n'est pas besoin d'embrasser un horizon si étendu. Il suffit de consulter pour la période des huit années de 1873 à 1880 un tableau qui à raison de son importance sera souvent cité, c'est le tableau C placé à la fin de ce mémoire avec les autres tableaux annexes, et indiquant pour les cinq crimes capitaux : parricide, assassinat, empoisonnement, infanticide, incendie d'édifice habité :

Le nombre réel des accusés, 5,149;

Celui des accusés déclarés coupables, 2,628;

Celui des commués par les déclarations du jury de circonstances atténuantes les exonérant de la condamnation à mort, 2,429;

Des condamnés à mort comme reconnus coupables sans circonstances atténuantes, 199;

Des commués par les chefs de l'État, 131;

Des exécutés, 68.

Quant aux nombres proportionnels pour l'ensemble de ces cinq crimes capitaux, il résulte de ce tableau que sur 100 accusés reconnus coupables, 92 sont exonérés de la condamnation à mort en raison de l'admission par le jury des circonstances atténuantes; celui des condamnés à mort se réduit ainsi à 8, dont trois seulement sont exécutés.

Quant à l'ensemble des 55 années dont se composent les 11 périodes quinquennales, il y a nécessairement une distinction à faire entre les 48 années qui ont suivi la révision du Code pénal en 1832 et les 7 années qui l'ont précédée, puisque la première appartient au régime de l'admission des circonstances atténuantes en matière criminelle, et la seconde au régime qui l'excluait.

Pour procéder à l'examen comparé de ces deux régimes dont l'un exclut et l'autre admet les circonstances atténuantes, il convient de prendre pour termes de comparaison la première des 11 périodes de 1826 à 1830 qui appartient entièrement au premier régime, et les troisième et onzième périodes dont l'une est la première de 1836 à 1840, et l'autre la dernière de 1876 à 1880 appartenant complètement au second régime. Or, d'après le tableau A annexe dont je parlerai bientôt, le nombre réel des condamnations à mort est de 554 pour la première de ces trois périodes, celle du régime excluant les circonstances atténuantes, et pour les deux autres de 197 et 127, ce qui établit pour le deuxième régime une différence de condamnations en moins de 357 pour la période de 1836 à 1840 et de 427 pour la période de 1876 à 1880.

Il est juste de faire observer que la revision du Code pénal en 1882 n'avait pas eu seulement pour objet d'introduire l'admission de circonstances atténuantes en matière criminelle, mais encore de réduire le nombre des crimes que ce Code punissait de la peine de mort. Ainsi, sous le régime du Code de 1810, tout incendie était puni de mort, tandis que cette peine ne s'applique plus qu'à l'incendie d'une maison habitée ou de voitures et wagons contenant des personnes. Ainsi encore la revision de 1832 supprime la peine de mort pour le crime de fabrication de fausse monnaie, et pour le vol avec les cinq circonstances aggravantes.

Pour le cas de récidive, dans le Code pénal de 1810, tout individu qui, ayant été condamné pour crime, commettait un second crime passible des travaux forcés à perpétuité était puni de mort. Depuis la loi de 1832, la peine de mort n'est applicable que dans le cas où l'individu a été condamné la première fois aux travaux forcés à perpétuité.

En matière politique, la peine de mort a été abolie par le décret du 26 février 1848 et par l'art. 5 de la Constitution du 4 novembre de la même année, et remplacée par la déportation dans une enceinte fortifiée aux termes de la loi du 8 juin 1850, art. 1er (1).

Ces diverses abolitions partielles de la peine de mort concernaient généralement des crimes auxquels son application devenait de jour en jour plus rare. Elles ne peuvent avoir ainsi influé d'une manière notable sur la diminution considérable des condamnations à mort qui

(1) La loi du 10 juin 1853 punit de la peine du parricide l'attentat contre la vie ou contre la personne de l'empereur. (Voir Code pénal, art. 86 et 87). L'article 87 punit de la peine de la déportation dans une enceinte fortifiée l'attentat dont le but est, soit de détruire ou de changer le gouvernement ou l'ordre de successibilité au trône, soit d'exciter les citoyens ou habitants à s'armer contre l'autorité souveraine.

doit être imputée pour la plus grande part à la fréquence des admissions par le jury des circonstances atténuantes en faveur des accusés reconnus coupables de crimes capitaux.

Pour faciliter du reste les appréciations de l'examen comparé, je crois devoir produire le relevé suivant des crimes dont les auteurs ont été condamnés à mort de 1826 à 1832 et de 1833 à 1880, avec l'indication des moyennes annuelles.

	Régime antérieur à 1832 — 1826 à 1832	Régime postérieur à 1832 — 1833 à 1880	MOYENNE ANNUELLE	
			Régime antérieur à 1832	Régime postérieur à 1832
Parricide	82	183	5	3
Assassinat	366	1.182	52	25
Empoisonnement.	76	103	11	2
Incendie	94	161	18	2
Infanticide	13	68	2	1
Meurtre { de fonctionnaire	11	18	2	»
Meurtre { accompagné d'un autre crime ou d'un délit.	35	145	5	3
Séquestration avec tortures corporelles	»	10	»	»
Fausse monnaie (fabrication de). . .	65	»	9	»
Crimes politiques	24	9	3	»
Vol (cinq circonstances aggravantes).	21	»	3	»
Récidive	15	2	2	»
Attentat contre la vie de l'Empereur.	»	4	»	»
TOTAL. . .	752	1.775		

Ce tableau constate, par les chiffres moyens annuels, jusqu'à quel point, le nombre des condamnations à mort en toute matière a diminué, et atteste par conséquent l'extension que le jury a donnée aux commutations de la peine de mort par l'admission des circonstances atténuantes en faveur des accusés de crimes capitaux qu'il avait reconnus coupables.

Au résumé, le relevé que donne ce paragraphe pour les huit années de 1873 à 1880, des accusés de crimes capitaux du nombre de ces accusés reconnus coupables, et de la proportion sur ces derniers de 92 0/0 exonérés de la peine de mort par l'admission des circonstances atténuantes, et 8 0/0 seulement condamnés à mort, suffirait pour démontrer jusqu'à quel point le jury arrive aux commutations de la peine de mort par les circonstances atténuantes. Mais à cette proportion qui embrassait en totalité les cinq crimes capitaux du parricide, de l'assassinat ou homicide prémédité, de l'empoisonnement, de l'infanticide et de l'incendie de lieux habités, j'ai voulu ajouter de plus la proportion spéciale à chacun de ces crimes.

Le travail considérable de dépouillement qu'il eût fallu pour étendre aux 55 années écoulées de 1826 à 1880 le relevé précité des 8 années de 1873 à 1880, ne permettait même pas de le tenter. Mais dans le tableau A comprenant pour les onze périodes quinquennales écoulées de 1826 à 1880 le nombre réel des condamnations à mort, des commutations et des exécutions, ainsi que le nombre proportionnel, j'ai présenté les utiles indications à y puiser pour apprécier l'influence considérable que le jury avait exercée par les circonstances atténuantes sur la diminution des condamnations à mort. J'ai facilité cette appréciation par l'examen comparé du nombre de ces condamnations sous le régime antérieur à l'introduction des circonstances atténuantes en 1832, et le régime postérieur.

Enfin, j'ai voulu donner encore une nouvelle facilité à
ces appréciations par le relevé des moyennes annuelles des
crimes dont les auteurs ont été condamnés à mort de 1826
à 1832 sous le régime antérieur aux circonstances atténuantes, et de 1833 à 1880, sous le régime postérieur.

§ III

*Suite du précédent. — Progression des commutations par
les chefs d'État.*

Progression des commutations de la peine de mort par les souverains
et chefs d'État à l'égard des accusés de crimes capitaux, condamnés à
cette peine comme reconnus coupables sans circonstances atténuantes.
Témoignages statistiques des tableaux annexes A. B. C. Relevé de l'exercice du droit de commutation et de grâce pendant les différents
régimes sous lesquels la France a vécu depuis 1826.

J'ai donné les indications de la statistique qui consta-
taient la progression des commutations de la peine de
mort par le jury à l'égard des accusés de crimes capitaux
reconnus coupables, mais avec l'admission de circonstances
atténuantes; je dois actuellement produire le témoignage
de la statistique sur la progression des commutations de la
peine de mort par les souverains et chefs d'État, en vertu
de leur droit de grâce, à l'égard des accusés de crimes
capitaux condamnés à cette peine comme reconnus coupables sans circonstances atténuantes.

J'ai dit précédemment, en ce qui concerne l'exercice du
droit de grâce par les souverains et chefs d'État, à l'égard
des condamnés à mort, que l'exécution de la condamnation
avait d'abord été la règle, et la commutation l'exception ;
mais qu'aujourd'hui c'était l'exécution qui était devenue
l'exception, et la commutation la règle. C'est ce que la statistique atteste. Si la publication du compte-rendu statistique de la justice criminelle en France remontait à 1811,
on y verrait que la peine de mort si prodiguée dans ce Code
qui consacrait la mutilation du parricide, le carcan et la

marque, dut se rapprocher beaucoup à cette époque de la certitude de l'exécution.

On remarque en effet, que malgré le progrès du temps, la première période quinquennale du compte-rendu statistique de la justice criminelle de 1826 à 1830, accuse la proportion de 65 exécutions sur 100 condamnations à mort.

Un tableau annexe A indique pour chacune des 11 périodes quinquennales écoulées de 1826 à 1880, le nombre réel des condamnations à mort, des exécutions, des commutations, le nombre proportionnel des exécutions et des commutations. Je crois devoir citer ici les chiffres de la proportion sur 100 condamnations à mort des exécutions et des commutations.

	Proportion des exécutions.	Proportion des commutations.
Première période, 1826 à 1830......	65 0/0	85 0.0
Onzième — 1876 à 1880......	26 0/0	74 0/0

On voit qu'ainsi que je l'ai dit, la commutation a cessé d'être l'exception pour devenir la règle.

J'en fournirai une nouvelle confirmation dans le tableau suivant où le droit de grâce et de commutation des condamnations prononcées, qui appartient exclusivement au Chef de l'État, est envisagé à un autre point de vue, celui de se rendre compte de son exercice pendant les différents régimes sous lesquels la France a vécu depuis 1826.

	Condamnations à mort.	Exécutions.	Commutations.
1826 à 1830. Restauration	554	354 (64 0/0)	200 (36 0/0)
1831 à 1847. Monarchie de Juillet.	881	564 (64 0/0)	317 (36 0/0)
1848 à 1852. République	231	141 (61 0/0)	90 (39 0/0)
1853 à 1870. Empire............	589	321 (54 0/0)	268 (46 0/0)
1871 à 1880. République	272	107 (39 0/0)	165 (61 0/0)

A ce tableau annexe A qui concerne les condamnations à la peine de mort, les exécutions et les commutations en général, j'ai ajouté le tableau annexe B qui présente dans le même cadre les indications spéciales à l'assassinat ou homicide prémédité.

Abolie généralement soit de droit, soit de fait, dans plusieurs États, la peine de mort suit dans les autres une abolition graduelle dont le dernier point d'arrêt est l'assassinat ou homicide prémédité. Ce point se recommande donc à l'attention spéciale, d'autant qu'il facilite à cet égard l'étude comparée de la statistique internationale.

On voit par le tableau B que le crime d'homicide prémédité est entraîné lui-même dans le grand courant des commutations de la peine de mort en France. Il suffit de mettre ici en regard pour les onze périodes quinquennales, la proportion pour chacune sur cent condamnations à mort, des exécutions et des commutations.

	PROPORTION	
	des exécutions.	des commutations.
1826 à 1830...............	82 0/0	18 0/0
1831 à 1835...............	65 0/0	35 0/0
1836 à 1840...............	81 0/0	19 0/0
1841 à 1845...............	80 0/0	20 0/0
1846 à 1850...............	72 0/0	28 0/0
1851 à 1855...............	71 0/0	29 0/0
1856 à 1860...............	66 0/0	34 0/0
1861 à 1865...............	57 0/0	43 0/0
1866 à 1870...............	58 0/0	42 0/0
1871 à 1875...............	58 0/0	42 0/0
1876 à 1880...............	28 0/0	72 0/0

Il y a lieu de signaler dans ce relevé un fait singulier qu'on a déjà pu remarquer dans le tableau précédent (page 27) relatif à l'exercice du droit de grâce sous les divers gouvernements en France, celui de quelques chiffres absolument similaires. Ce phénomène qui se reproduit souvent dans les tableaux de la statistique criminelle a frappé l'attention, mais n'a pas encore trouvé son explication qui se recommande aux recherches de la science, et qui aurait pu peut-être, si le compte-rendu de la statistique criminelle avait paru de son vivant, fournir un chapitre intéressant à Laplace pour sa *Théorie analytique des probabilités.*

Dans ce paragraphe où il s'agit des commutations par les souverains et chefs d'État résultant de leur décision sur le pourvoi des condamnés à mort, ce ne sont plus des appréciations approximatives que donne le tableau A pour les 11 périodes quinquennales écoulées de 1826 à 1880, mais des données exactes sur le nombre réel des condamnations à mort, des commutations et des exécutions, de la proportion de ces commutations et de ces exécutions. C'est en un mot la constatation officielle de l'exercice du droit de grâce et de commutation en France par les souverains et chefs d'État pendant les 55 années de 1826 à 1880.

On y voit que dans la première des onze périodes quinquennales, la proportion des commutations de la peine de mort 35 0/0 s'est élevée à la dernière période à 74 0/0. Dans le tableau B spécial aux condamnés pendant chacune de ces onze périodes quinquennales pour assassinat ou homicide prémédité, la proportion des commutations sur 100 condamnations à mort, de 18 0/0 dans la première, s'élève à 72 0/0 dans la dernière de 1876 à 1880.

J'ai déjà cru devoir compléter ces renseignements par un relevé de l'exercice du droit de grâce pendant les différents régimes sous lesquels la France a vécu depuis 1826. On appréciera l'intérêt à la fois historique et statistique de ce relevé.

§ IV

De la diminution progressive des exécutions capitales comme corollaire de la progression des commutations des condamnations à mort.

Constatation par les tableaux annexes A, B, C de la diminution progressive des exécutions capitales. Diminution correspondante du personnel des exécuteurs. Nombre proportionnel des exécutions et des exécuteurs en 1880 comparé à celui des époques antérieures.

Les deux paragraphes précédents indiquent le témoignage de la statistique pour la progression des commutations de la peine de mort résultant d'abord pour les accusés reconnus coupables de l'admission des circonstances atténuantes par le jury, et ensuite de l'exercice de leur droit de commutation et de grâce par les souverains et chefs d'État.

Cette progression des commutations doit avoir nécessairement pour corollaire la diminution progressive des exécutions des condamnations à mort.

Les tableaux annexes A, B et C déjà cités dans les deux paragraphes précédents contiennent sans doute parmi les diverses indications qu'ils renferment, celles relatives aux exécutions capitales. Mais il importe de réunir ces indications et d'en faire l'objet d'un paragraphe spécial où elles se présentent comme le corollaire des deux paragraphes précédents. Il s'agit donc de produire le témoignage de la statistique que présentent à cet égard les trois tableaux annexes A, B et C.

Le premier, le tableau A, qui embrasse les onze périodes quinquennales écoulées de 1826 à 1880, nous montre le nombre réel des condamnations à mort, 554, à la première période, n'étant plus à la dernière que de 127, et le nombre réel des exécutions à cette première période, 360, n'étant plus que de 83 à la dernière ; enfin le nombre proportionnel s'abaissant ainsi pour les exécutions de 65 à 26 0/0.

Le second tableau B, dont le cadre est le même que celui du précédent, diffère seulement par son affectation spéciale aux co___mnations à mort et aux exécutions pour assassinat ou homicide prémédité, parce que cet élément de la haute criminalité est souvent le dernier terme plus ou moins prolongé de l'existence de la peine de mort dans la codification pénale, et parce qu'ainsi que je l'ai déjà dit, il facilite sous ce rapport l'examen comparé de la statistique internationale. Or, on voit dans ce tableau que les condamnations à mort pour ce crime, 288 à la première des 11 périodes quinquennales, se réduit à 90 à la dernière, et que le nombre des exécutions, 236 à la première période n'est plus que de 25 à la dernière. Le nombre proportionnel des exécutions est ainsi de 82 0/0 à la première période et de 18 0/0 à la dernière.

Le témoignage le plus instructif et le plus complet est celui du tableau C qui, consacré aux 8 années de 1873 à 1880, présente pour l'ensemble de ces 8 années et pour chacun des cinq crimes *parricide*, *infanticide*, *empoisonnement*, *assassinat*, *incendie d'édifice habité*, l'état de la répression sous le rapport : 1° des accusés de ces crimes ; 2° des reconnus coupables ; 3° des reconnus coupables avec circonstances atténuantes les exonérant de la peine de mort ; 4° des condamnés à mort comme reconnus coupables sans circonstances atténuantes ; 5° des commués ; 6° des exécutés ; 7° du nombre proportionnel des reconnus coupables sur 100 accusés ; 8° du nombre proportionnel des exécutés sur 100 accusés reconnus coupables.

Il résulte de ce tableau C que sur 2,628 accusés reconnus coupables des cinq crimes précités, 2,429, c'est-à-dire 92 0/0, ont été exonérés de la condamnation à mort par la déclaration du jury de circonstances atténuantes ; que 199 seulement, soit 8 0/0, ont été condamnés à mort comme reconnus coupables sans circonstances atténuantes ; qu'enfin sur ces 199 condamnés à mort, la condamnation ayant été commuée par les Chefs de l'État pour 181, le chiffre des exécutés sur les 2,628 reconnus coupables se réduit à 68, soit la proportion de 3 0/0.

Le tableau C constate pour les cinq crimes capitaux précités pris en bloc, comme pour chacun d'eux en particulier, le nombre réel des accusés reconnus coupables et le nombre proportionnel des exécutés sur 100 de ces accusés reconnus coupables. Mais pour s'en tenir ici aux nombres proportionnels, on voit dans ce tableau C que la proportion des exécutés sur 100 accusés reconnus coupables, qui a été pour les cinq crimes capitaux en bloc de 3 0/0, est pour les parricides de 14 0/0, pour les assassinats ou homicides prémédités de 6 0/0, et pour les empoisonnements de 1 0/0.

A cette diminution si considérable dans le nombre des exécutions capitales vient nécessairement correspondre celle qui a dû se produire dans le nombre des exécuteurs fixé en 1810, comme je l'ai déjà dit, à un par département.

L'article 1er de l'ordonnance de 1832 décida que le nombre des exécuteurs serait réduit de moitié au fur et à mesure des extinctions.

Un arrêté du 9 mars 1849 ne laisse plus qu'un exécuteur en chef par Cour d'appel et un exécuteur adjoint par département autre que celui où siége la Cour d'appel.

Le décret du 26 juin 1850 supprime les exécuteurs adjoints et l'arrêté du 20 juin 1853 en place auprès de chaque exécuteur en chef. Cet état de choses subsista jusqu'au 25 novembre 1870.

A partir du 1er janvier 1871, les exécuteurs en chef et adjoints en exercice sur le territoire continental français sont relevés de leurs fonctions individuellement (art. 1er du décret du 25 novembre 1870). Il n'est maintenu qu'un exécuteur en chef et cinq exécuteurs adjoints dont la résidence est fixée à Paris (art. 2).

Ainsi les exécutions qui étaient encore de 1826 à 1870 de 65 0/0 n'étaient plus en 1880, sur le nombre des accusés reconnus coupables de crimes capitaux que de 3 0/0, et le nombre des exécuteurs de 1 par chaque département en 1810 n'était plus que de 1 pour toute la France continentale en 1880.

§ V

La progression des commutations de la peine de mort n'est pas un phénomène spécial à la France mais commun à la plupart des États de l'Europe.

Exercice par les souverains et chefs d'État de leur droit de commutation et de grâce dans plusieurs pays de l'Europe. Circulaire de lord Granville du 15 juillet 1880. — Répugnance des souverains et chefs d'État à signer des arrêts de mort.

Il ne faudrait pas conclure des paragraphes précédents que la progression des commutations de la peine de mort, que j'ai constatée et confirmée par la diminution progressive des exécutions qui en est le corollaire, soit un phénomène spécial à la France. Ce phénomène s'est produit et continue à se produire dans la plupart des autres États de l'Europe. Toutefois, en ce qui concerne la progression des commutations relative aux accusés reconnus coupables et exonérés de la condamnation à mort par les circonstances atténuantes que le jury a admises en leur faveur, je ne puis les relever parmi les divers États de l'Europe, puisque dans plusieurs l'institution du jury n'existe pas. Mais comme il y a partout des souverains et chefs d'État appelés à confirmer ou commuer par l'exercice de leur droit de grâce les condamnations à mort, j'avais espéré pouvoir étendre aux divers pays de l'Europe le relevé des commutations résultant de l'exercice du droit de grâce par ces souverains et chefs d'État.

Cette espérance m'était inspirée par les renseignements que je m'attendais à puiser dans une enquête qu'une circulaire de lord Granville du 14 juillet 1880 avait provoquée et par laquelle ce ministre chargeait les divers agents diplomatiques anglais de recueillir toutes les données de la statistique pénale pendant la période décennale de 1870 à 1879. La collection des renseignements obtenus fut soumise au Parlement anglais dans le courant de 1881.

Je suis nécessairement du nombre de ceux qui doivent louer lord Granville de cette enquête diplomatique, car à plusieurs reprises et particulièrement dans le mémoire soumis à l'Académie en octobre 1872, j'ai dit combien il importait au développement de la civilisation à notre époque que la diplomatie vînt unir ses études et ses recherches à celles de la science.

Dans un remarquable écrit publié sous le titre : *Nouveaux essais sur la peine de mort*, notre savant correspondant M. le baron Holtzendorff, professeur à l'Université de Munich a montré combien la collection des renseignements obtenus et déposée au Parlement, incomplète sous beaucoup de rapports, défectueuse sous d'autres (1), était loin de répondre au but dans lequel lord Granville l'avait conçue. Ne pouvant y trouver les renseignements que je comptais en retirer, j'ai dû recourir aux lumières et aux obligeantes communications des ministres de la Justice des États de l'Europe où l'organisation de la statistique criminelle offrait le plus de régularité et d'exactitude dans ses indications.

On verra par le tableau D le témoignage de la statistique

(1) « Certains agents, dit le baron Holtzendorff, s'acquittèrent de « leur tâche à la légère, et sans se rendre compte par eux-mêmes de « l'état réel des choses. D'autres ne purent mener à bonne fin leur man- « dat, les travaux de statistique pour l'année 1879 n'étant pas terminés « au moment où ils devaient envoyer au ministre leurs informations. « .... Enfin, il y avait des pays, la majeure partie des États-Unis « par exemple, où les tableaux de statistique ne pouvaient inspirer une « entière confiance. »

qui constate par la progression des commutations des condamnations à mort, la répugnance qu'inspire de plus en plus aux souverains et chefs d'État la signature d'un arrêt de mort, et qui devient même, chez plusieurs, insurmontable.

Si l'on veut se reporter au tableau C que j'ai cité dans le § III, concernant les commutations de la peine de mort accordées pendant les divers régimes, monarchie, empire ou république, sous lesquels a vécu la France depuis 1826, on y verra que les souverains ou chefs d'État de la France, en entrant dans la voie de la progression des commutations des condamnations à mort, n'y sont pas allés aussi loin que ceux de plusieurs pays de l'Europe.

Je citerai, en effet, les rois de Portugal et de Hollande qui, pendant la longue série d'années antérieures à l'abolition de droit de l'échafaud dans ces royaumes, n'avaient pu se résigner à signer aucun arrêt de mort.

Je citerai en Italie, à partir non de 1870, mais de 1875, puisque l'organisation de la statistique criminelle n'y date que de cette époque, le roi Humbert commuant, en dehors de la justice militaire, toutes les condamnations à mort.

Je citerai en Belgique le roi Léopold II commuant également à l'exemple de son père, toutes les condamnations à mort.

Je citerai enfin l'empereur Guillaume qui, comme roi de Prusse, opposa pendant une longue série d'années les scrupules de sa conscience à la signature d'aucune exécution capitale. Lord Odo Russel, ambassadeur en Prusse de Sa Majesté britannique, dans sa réponse du 16 octobre 1880 à la circulaire précitée de lord Granville du 14 juillet 1880, s'exprimait en ces termes : « Il est de fait que S. M. l'em-« pereur éprouve une très vive répugnance à signer une « sentence de mort; il s'ensuit que malgré son sentiment « sévère du devoir, il serait presque impossible d'obtenir « sa signature à pareil effet; la chose est aujourd'hui

« universellement connue, de sorte que les juges en pro-
« nonçant les sentences capitales savent fort bien que la
« peine de mort n'existe plus que de nom, et que cette
« peine est toujours commuée. »

On a contesté à tort l'exactitude de la déclaration de lord
Odo Russel que l'empereur Guillaume, de 1870 à 1880,
n'avait signé l'exécution d'aucun arrêt de mort. Il importe
d'entrer dans quelques explications pour constater à cet
égard la vérité historique.

Le Code pénal allemand ne prononce la peine de mort
que dans les deux articles suivants :

Section Ire, haute trahison. — Art. 80, attentat à la vie
de l'empereur ou de l'un des souverains de la confédération. Section XVIe, crimes contre la vie. — Art. 211, assassinat prémédité.

Ce n'est qu'en 1884 qu'une loi, en date du 9 juin, a édicté
la peine de mort pour emploi de matières explosibles
compromettant la sécurité publique.

En ce qui concerne l'art. 80 précité, deux attentats à la
vie de l'empereur Guillaume ont eu lieu en 1878; l'un est
celui d'Hœdel. Le 13 mars 1878, l'empereur Guillaume par-
courait en voiture la promenade des Tilleuls, à Berlin,
quand un ouvrier, nommé Hœdel, tira sur lui deux coups
de revolver qui ne l'atteignirent pas. Quelques semaines
après, le 2 juin, Nobiling tirait d'une maison deux coups
de fusil, et criblait de petit plomb et de balles mâchées la
voiture de l'empereur. L'empereur Guillaume blessé au
cou et au bras, se rétablit après quelques mois pendant
lesquels le prince impérial, son fils, exerça la régence.
Nobiling qui s'était gravement blessé lui-même, mourut au
bout de quelques semaines. Hœdel fut décapité. Mais le
prince impérial régent, et non l'empereur, signa l'arrêt de
mort.

En ce qui concerne l'art. 211 du Code pénal précité,
aucun arrêt de mort pour assassinat ne fut signé en 1880,

et en 1881 seulement, eut lieu l'exécution de l'auteur d'un assassinat commis en 1880. La déclaration de lord Odo Russel qu'aucun arrêt de mort n'a été signé par l'empereur Guillaume de 1870 à 1880 est donc conforme à la vérité historique.

Si l'Angleterre est, de tous les pays compris dans les statistiques que j'ai recueillies, celui où la progression des commutations de la peine de mort est la moins accentuée, il convient de dire, en ce qui concerne ce pays, que le droit de grâce n'est exercé par la reine qu'après avis du Conseil des ministres, et qu'il y a peu d'exemples que Sa Majesté ne se soit pas conformée à cet avis dont la responsabilité ne lui était plus personnelle.

Le tableau D *bis* constate, par l'examen comparé du nombre des condamnations à mort dans les deux périodes quinquennales, l'une de 1871 à 1875, et l'autre de 1876 à 1880, qu'à l'exception des deux États de Norwège et de Wurtemberg, le nombre des condamnations à mort s'est accru dans la seconde période et que l'excédant a été : de 84 en Prusse, 29 en Angleterre, 8 en Suède, 7 en Wurtemberg, 6 en Saxe, 5 en Belgique, 3 en Bavière et 2 Danemarck. Sur le chiffre total des condamnations à mort, 1,110, le nombre des commutations accordées par les souverains et chefs d'État a été de 959 soit 85 0/0, et le nombre proportionnel des exécutions s'est ainsi réduit à 15 0/0. Le nombre total des commutations est égal à celui des condamnations à mort dans les 4 États : Saxe, Belgique, Italie et Prusse, dont les souverains n'ont signé aucun arrêt de mort. Sur les 169 exécutions, l'Angleterre en compte à elle seule 152. Le petit nombre restant de 17 exécutions se répartit ainsi : 7 en Bavière, 4 en Suède, 3 en Norwège, 1 en Wurtemberg, 1 dans le Grand-Duché de Bade, 1 en Danemarck.

Ce témoignage de la statistique confirme ce que j'ai déjà dit que dans plusieurs États de l'Europe, l'exercice du droit

8.

de grâce, par les souverains et chefs d'États, était allé plus loin qu'en France.

Si mes tableaux statistiques sur la France sont plus nombreux et plus développés que ceux relatifs aux pays étrangers, c'est que les documents de la statistique à l'étranger sont loin de contenir les développements étendus du compte-rendu de la statistique criminelle en France, perfectionné par l'intelligente persévérance de son habile directeur, M. Yvernès, qui, avec le modeste personnel dont il dispose, réalise des travaux statistiques si considérables et si utiles à la fois à la justice criminelle, civile et commerciale.

Je crois avoir historiquement et statistiquement démontré dans ce titre Ier l'état anormal en France et commun du reste à la plupart des États de l'Europe, de la répression en matière de crimes capitaux, provenant de la progression des commutations qui, en ne laissant à la peine de mort aucune certitude d'exécution, lui enlève ainsi la condition de son efficacité.

J'aurai à constater dans le titre III une double aggravation de cet état anormal de la répression, et à en rechercher les causes.

TITRE III

LES PRINCIPALES CAUSES DE L'ÉTAT ANORMAL EN FRANCE DE LA RÉPRESSION

L'aggravation de l'état anormal en France de la répression, en matière de crimes capitaux, sous le rapport des deux conditions de l'intimidation et de la graduation de la pénalité, n'est pas, comme le phénomène de la progression des commutations de la peine de mort, un fait commun à la plupart des États de l'Europe, mais spécial malheureusement à la France, et imputable aux causes que j'aurai à signaler dans les paragraphes suivants de ce titre III.

§ Ier

Les deux causes premières et principales de l'état anormal de la répression, résultant de la progression des commutations de la peine de mort, et de l'inefficacité de son remplacement par la transportation.

Dangereuse inefficacité du recours à la transportation pour réagir contre la progression des commutations de la peine de mort. — Aggravation de l'état anormal de la répression, par la loi de 1854 sur la transportation, sous le rapport des deux conditions de l'intimidation de la graduation pénale. — Les deux circonstances qui favorisèrent l'adoption de la loi de 1854. — Loi du 25 décembre 1880 sur la répression des crimes commis dans l'intérieur des prisons pour obtenir l'envoi dans la Nouvelle-Calédonie. — Rappel de mon opposition à la transportation depuis 1826. — Confirmation de mes prévisions. — Le récent projet de loi sur la transportation des récidivistes. — Indications de la statistique sur l'évaluation de l'élément transportable.

Des deux causes principales de l'état anormal de la répression, la première provenant de la progression des

commutations de la peine de mort a été assez complètement exposée pour me dispenser d'y revenir. Je n'ai donc à
m'occuper dans ce paragraphe que de la constatation de la
seconde cause.

La répression, affaiblie par la progression des commutations qui faisait perdre de jour en jour à la peine de mort
l'intimidation qu'elle avait pu devoir antérieurement à la
certitude de son application, éprouvait l'impérieux besoin
de recourir à l'énergique exécution d'une peine nouvelle.
D'autre part il fallait donner satisfaction au sentiment populaire à l'égard des assassins qui n'avaient dû leur commutation par le jury qu'à la déclaration de circonstances
atténuantes dont l'admission blessait souvent l'opinion publique. Il fallait encore la rigoureuse exécution d'une peine
sévère que réclamait la répression dans la sphère des commutations de la peine de mort.

C'était une bien malheureuse inspiration que le recours
à la transportation pour donner à la répression l'intimidation que la transportation ne pouvait avoir en remplacement de celle que la peine de mort n'avait plus. C'était
pour la répression une aggravation sous le rapport de son
inefficacité et sous un autre rapport même encore, celui de
la graduation pénale.

Ici quelques développements sont nécessaires.

Par suite du discrédit dans lequel était tombée la transportation en Angleterre, qui l'avait abolie à la suite d'une
regrettable expérience, la loi votée en 1854 n'aurait vraisemblablement pas obtenu la sanction législative sans deux
circonstances qui en favorisèrent l'adoption. L'une, c'est
que la suppression des bagnes était depuis si longtemps et
si vivement réclamée par l'opinion publique, qu'on était
plus préoccupé des avantages de cette suppression que des
inconvénients du moyen proposé pour la réaliser ; l'autre,
c'est que parmi les adversaires de l'établissement perma-

nent de la transportation pénale, beaucoup, et j'étais moi-même du nombre, en admettaient l'établissement transitoire pour débarrasser le plus promptement possible nos arsenaux maritimes de l'immoral et dangereux séjour des forçats. Cette loi de 1854 n'était ainsi qu'une loi de transition.

J'ai toujours été partisan de la suppression des bagnes ; mais le système que j'ai proposé à cet égard dans un écrit publié en 1840 sous le titre : *Des moyens et des conditions d'une réforme répressive et pénitentiaire en France*, différait complètement de celui sanctionné par la loi du 30 mai 1854 sur la transportation à la Nouvelle-Calédonie des condamnés aux travaux forcés.

Lorsque l'Académie des sciences morales et politiques fut appelée à discuter dans les deux séances des 29 janvier et 5 février 1853, le système de cette loi, avant qu'il eût été l'objet des délibérations du Parlement, j'en signalai les graves inconvénients en prédisant que la transportation pénale allait devenir en France, pour l'imagination aventureuse des condamnés et en raison des avantages qui leur étaient offerts, ce qu'elle avait été en Angleterre, un appât à commettre le crime, au lieu d'un châtiment pour le prévenir et le réprimer. Mes prévisions ne se sont malheureusement que trop réalisées.

La peine de la transportation, au lieu de l'intimidation, a inspiré une telle attraction aux malfaiteurs que ceux condamnés à la réclusion, troisième degré de l'échelle pénale, ont commis des crimes pour obtenir le bénéfice de monter au second, et qu'il a fallu par la loi du 25 décembre 1880 les condamner à subir dans les prisons, la peine des crimes qu'ils y avaient commis dans leurs aspirations à la transportation à la Nouvelle-Calédonie. Ce n'est donc pas cette peine de la transportation dont on a fait une prime d'encouragement au crime, qui peut être appelée à remplacer la peine de mort dans la sphère des commutations dont elle est l'objet.

Ainsi la loi de 1854 a ajouté pour la répression à l'aggravation de l'inefficacité sous le rapport de l'intimidation, celle du bouleversement de l'échelle pénale sous le rapport de la graduation, en donnant à la peine supérieure du second degré, la préférence sur la peine inférieure du troisième. Entre la peine supérieure de la transportation et la peine inférieure de la réclusion, ce n'est pas la seconde, mais la première qui est la peine préférable et la peine préférée par les condamnés, même au prix d'un crime pour y parvenir. Ainsi le sytème de la transportation a substitué l'attraction dans l'ordre pénal à l'intimidation. Quel bouleversement dans l'ordre des idées et des faits ! Une peine a pour but d'empêcher de commettre des crimes, et la transportation a pour effet contraire de faire commettre le crime pour obtenir son application. Tel est l'état anormal et alarmant pour la sécurité publique et privée auquel l'imprévoyance du législateur de 1854 a réduit la justice en France en matière criminelle.

Mon opposition à la transportation pénale est de date bien ancienne puisqu'elle remonte à la publication de mon ouvrage sur le système pénal publié en 1827, et si elle a été depuis si persévérante, c'est qu'elle était puisée dans les lumières de l'expérimentation dont les résultats *véridiques* n'ont fait que la confirmer. Je souligne ce mot *véridique* parce que, tandis que se publiaient en Angleterre, à partir de 1826, les documents authentiques sur la transportation en Australie, elle n'était connue en France que par les récits romanesques de Botany-Bay.

On me permettra de constater l'origine historique de ma conviction sur la transportation pénale, par une citation textuelle extraite de l'introduction du premier volume de mon ouvrage sur la *Théorie de l'emprisonnement*, publié en 1836:

« En 1826 et 1827, c'était l'époque où l'éloquence de
« Mackinstoch au sein du Parlement anglais puisait dans
« le rapport officiel de M. Bigge, inspecteur général des
« établissements de colonisation pénale dans l'Australie,
« l'accablante argumentation qui avait si complètement
« discrédité en Angleterre le système de la transportation ;
« mais ce fut aussi l'époque où 41 conseils généraux en
« France émettaient le vœu d'une colonisation pénale mo-
« tivé sur le merveilleux succès de Botany-Bay.

« L'année suivante, M. de Barbé-Marbois démontra dans
« une brochure que les conseils généraux votaient dans
« l'ignorance du système anglais dont ils proposaient l'imi-
« tation. Aussi dans les années qui suivirent 1828, les con-
« seils généraux devinrent aussi sobres de vœux en faveur
« de la colonisation pénale, qu'ils en avaient été prodigues
« auparavant.

« Ce fut aussi à cette époque (Moniteur du 22 mai 1826)
« que la commission du budget renouvelait le vœu tendant
« à ce que le gouvernement prît une mesure semblable à
« celle dont l'Angleterre avait fait une *si heureuse* épreuve
« dans son établissement de Botany-Bay. J'ai déjà signalé
« dans le système pénal publié en 1827, ces deux rapports
« successifs qui prouvent combien en France, même quel-
« quefois au sein des conseils de la nation, une erreur peut
« être facilement admise ou une vérité rejetée sans examen
« sérieux. »

Mes prévisions et appréciations sur le système de la
transportation pénale qui datent de 1827, confirmées successivement par les documents officiels et par l'abandon
définitif de ce système de la part du gouvernement anglais,
ont-elles été infirmées par les résultats en France de la
loi de 1854 ? J'en appelle à cet égard aux témoignages historiques et statistiques que contient ce mémoire. Ce système

paraît pourtant en France aspirer à renaître de ses cendres, comme le phénix, ainsi que l'atteste le récent projet de loi de transportation ou de relégation des récidivistes que j'ai combattu dès son début (1), et qui pourra peut-être être voté, mais ne sera jamais exécuté, parcequ'il est inexécutable. Le système de la transportation qui appartient *à la politique du débarras* est logique quand il envoie les condamnés à l'autre extrémité du globe. Mais il en est autrement du système de l'emprisonnement répressif et pénitentiaire qui est au nombre des réformes de la politique civilisatrice. De récents et affligeants exemples dans la Nouvelle-Calédonie, signalés par la presse en France (2) et à l'étranger, et pris par le gouvernement en sérieuse et sévère considération, ne démontrent que trop cette vérité en face des désordres qu'il était si facile de prévoir et qu'il devient aujourd'hui si difficile de prévenir.

Au résumé, il y a trois politiques :

La politique militante, en dehors de laquelle je vis depuis de bien longues années ;

. . . . »

(1) Dans ma lettre du 14 octobre 1882 à M. Fallières, ministre de l'intérieur, sur le projet de loi de transportation et de relégation des récidivistes, lettre publiée par la presse française et étrangère, je disais : « C'est parmi les condamnés à un an et moins, imprudemment « exonérés de la pénalité de la récidive, qu'elle prend une énorme « extension contre laquelle il y a urgence de réagir. Mais la transpor- « tation pénale peut-elle en être le moyen ? La transportation, pour « laquelle les grands criminels ont une prédilection qu'il a fallu « s'efforcer de combattre par une loi récente, produira-t-elle sur les « petits délinquants l'effet opposé ? Serait-il logique de le tenter ? « Serait-il prudent de l'espérer ? Il me semble que c'est ailleurs qu'il « faut chercher l'intimidation répressive qui doit produire l'efficacité « désirable. »

(2) Voir notamment la correspondance publiée dans son numéro du 8 mai 1884 par *Le Temps*, l'un des journaux les plus accrédités.

La politique du débarras qui, ne procédant que par expédients, n'est pas scientifique, et dont je ne m'occupe pas par ce motif;

Enfin il y a une troisième politique qui, n'étant basée que sur des principes, est vraiment scientifique, et qui est la politique civilisatrice.

La transportation des condamnés n'appartient, comme je l'ai souvent dit et démontré, qu'à la politique du débarras qui use de cet expédient dans la croyance erronée qu'elle n'aura plus à s'en occuper ni à en souffrir, du moment où elle les a rejetés à plusieurs mille lieues de la métropole.

La transportation des condamnés ne peut se rattacher à la politique civilisatrice, ni à titre de colonisation, ni à titre de réforme répressive et pénitentiaire.

En ce qui concerne la colonisation, ce n'est pas avec l'élément impur des vieilles sociétés qu'on peut créer les sociétés nouvelles par l'effet du transport et de l'éloignement, car ce ne saurait être en ensemençant de mauvaise graine qu'une bonne récolte se prépare. Ajouterai-je qu'une colonisation de condamnés soit des deux sexes, soit de l'un ou l'autre seulement, est un danger d'immoralité aussi grave dans les deux cas.

Quant à la réforme répressive et pénitentiaire, la transportation, d'abord en ce qui concerne la répression, est tellement dépourvue, comme on l'a vu, d'efficacité, en raison des avantages qui y sont attachés et qui modifient si profondément les conditions de la captivité, qu'elle substitue, pour les condamnés, à leur point de vue comparé, l'attraction à l'intimidation.

En ce qui concerne la question pénitentiaire ou de l'amendement, le bon sens pratique n'indique-t-il pas que c'est sur le continent de la France que la discipline répressive et pénitentiaire doit trouver ses meilleures garanties de surveillance et d'application, et que plus on augmente au delà des mers les distances des établissements qui lui

sont consacrés, plus on entrave les conditions et les possi-
bilités de l'exécution.

C'est aux sociétés de patronage des libérés qu'il faudrait
selon moi, laisser l'utilité à retirer de la transportation en
y recourant individuellement. La transportation est une
institution d'assistance et non de répression. Parmi les libérés
repentants auxquels par des circonstances personnelles ou
accidentelles le séjour dans la mère-patrie devient un
grave obstacle à la persévérance de leur amendement, la
transportation, avec la discrétion nécessaire, les appelle
dans un autre milieu où peut se réaliser le retour à la probité. C'est par un discret usage de la transportation qu'on
faciliterait à des libérés revenus à des sentiments honnêtes,
la réhabilitation, dont les formalités demandent à être
modifiées sous le rapport des exigences d'une publicité
compromettante dont elles sont aujourd'hui légalement
entourées.

Au reste, je conçois aisément la prédilection des condamnés pour cette peine en raison des conditions dans
lesquelles elle leur est appliquée. Mais ce que j'ai peine à
concevoir, c'est que cette peine inspire encore en France
la confiance de l'engouement dans son efficacité répressive
et pénitentiaire, malgré les échecs décisifs de l'expérience
qui en ont déterminé l'abandon par l'Angleterre, et malgré
la perturbation qu'elle a déjà jetée dans la graduation de
notre système pénal au grand préjudice des exigences
morales et légales de la répression.

Ce paragraphe confirme, comme on le voit, ce que j'ai
dit dans le préambule du titre III, que l'aggravation de
l'état anormal de la répression par rapport aux deux conditions essentielles de l'intimidation et de la graduation de
la pénalité était spéciale à la France et que la cause principale en devait être imputée à la loi de mai 1854 sur la
transportation dans la Nouvelle-Calédonie.

En voyant l'Angleterre abandonner au nom des exigences

légitimes de la répression, le système de la transportation, dont elle avait expérimenté les funestes résultats, les puissances maritimes de l'Europe ont considéré que les lumières de l'expérimentation anglaise devaient servir de leçon au présent et à l'avenir. Une seule, la France, dédaignant les conseils de la sagesse pratique, est entrée témérairement dans cette voie dangereuse dont l'Angleterre venait prudemment de sortir, et déjà elle expie sa témérité par les crimes commis dans les prisons pour obtenir la transportation à la Nouvelle-Calédonie et par la perturbation qu'elle a jetée dans le Code pénal sous le rapport de l'intimidation et de la graduation.

Après avoir indiqué la faute commise par l'adoption en principe de la transportation, je ne passerai pas à l'examen critique de l'application que cette peine a reçue dans les établissements de la Nouvelle-Calédonie, sous le rapport de leur organisation et de leur régime disciplinaire. Je craindrais d'en dire trop ou pas assez, mais je demanderai au moins que par respect pour la vérité historique et scientifique, et par égard pour la réforme répressive et pénitentiaire, on cesse d'honorer ces établissements du nom de colonie pénitentiaire.

Je ne crois pas devoir m'étendre davantage sur l'inefficacité de la transportation pénale, après avoir appelé déjà sur ce sujet l'attention de l'Académie dans plusieurs communications soumises à son appréciation (1). Je donnerai toutefois quelques indications de la statistique sur l'évaluation de l'élément transportable, car les dispositions impé-

(1) Voir :

Observations sur l'établissement permanent en Angleterre de la déportation, et sur l'utilité en France de son établissement transitoire. Séances de l'Académie des 29 janvier et 5 février 1853.

La transportation pénale à l'occasion de l'ouvrage de M. Michaux,

ratives de la loi de 1854 ne s'appliquent pas aux condamnés aux travaux forcés de tout âge et de tout sexe.

Le législateur de 1854 était si loin de prévoir la préférence qu'obtiendrait de la part des condamnés la peine de la transportation sur celle de la réclusion, et la perturbation qui en résulterait dans la graduation pénale, qu'il accordait par son article 5 la faveur de la peine de la réclusion aux condamnés sexagénaires. L'obligation de la transportation qu'il avait prescrite pour les hommes, il ne crut pas devoir l'étendre aux femmes et se borna à en laisser la faculté au gouvernement qui a eu la sagesse d'en user si rarement qu'on peut la considérer comme tombée en désuétude.

Le tableau annexe statistique C *bis* comprenant les huit années de 1873 à 1880 permet d'évaluer pendant cette période l'élément transportable. On peut à l'aide de ce tableau C *bis* se rendre compte, sur les 2,628 accusés de crimes capitaux reconnus coupables, du nombre approximatif de ceux destinés à la transportation. J'élimine d'abord de ce total les femmes qui ont été en très petit nombre l'objet de la transportation, et après cette soustraction il ne reste ainsi que le nombre des hommes, 1260.

directeur des colonies, sur l'étude de la question des peines, séance du 10 mars 1877.

Opinions de M. Lucas développées à la séance du 24 janvier 1878 du Conseil supérieur des prisons sur les mesures répressives de la récidive, et particulièrement sur celle de la transportation pénale.

La transportation pénale ou la politique du débarras. Rapport verbal à l'occasion de la notice publiée par le ministère de la marine sur la Guyane française et la Nouvelle-Calédonie. Séance du 16 février 1878.

Lettre à M. le ministre de l'intérieur sur le projet de loi relatif à la transportation (14 octobre 1882).

Rapport verbal sur la Récidive et le projet de relégation des récidivistes à l'occasion de l'écrit de M. F. Desportes (3 mars 1883).

Ce chiffre 1260 se décompose ainsi :

Reconnus coupables avec circonstances atténuantes. 1082
Condamnés à mort. 178
                                                   ————
                                                   1260
Exécutés 67
                                                   ————
Reste pour la transportation. 1193
sauf les sexagénaires.

Ces 1193 condamnés reconnus coupables de crimes capitaux avec ou sans circonstances atténuantes, y compris les sexagénaires dont le chiffre m'est inconnu, se répartissent ainsi :

Parricide 46
Assassinat 713
Empoisonnement 35
Infanticide. 46
Incendie d'édifice habité. 359

Peut-on laisser ces cargaisons de parricides, d'assassins, d'empoisonneurs, d'incendiaires, continuer à faire voile vers la Nouvelle-Calédonie pour y subir la peine de leur prédilection, la peine préférée à celle à laquelle sont soumis les condamnés à plus d'un an dans les maisons centrales. N'y a-t-il pas urgence d'une peine nouvelle pour donner à l'état anormal de la répression l'intimidation que la peine de mort n'a plus et que celle de la transportation ne peut avoir, et pour rétablir dans la codification pénale sa graduation essentielle.

§ II

Nécessité d'une nouvelle peine et désignation de cette peine nouvelle.

Nécessité motivée d'une nouvelle peine. — Désignation du confinement solitaire. — Les cachots de Spielberg en remplacement de la peine de mort. — Le cachot obscur proposé par Lepelletier Saint Fargeau au nom de l'Assemblée nationale en 1791. — Indication du confinement solitaire. — Rappel de la proposition de constructions à Belle-Ile-en-Mer pour son application. — Renseignements complémentaires sur cette peine aux § I et II du titre IV.

S'il est une chose qui me semble bien démontrée par tout ce qui précède, c'est la nécessité d'une peine nouvelle en remplacement de la transportation pour les cas de commutation de la peine de mort tant que l'échafaud sera maintenu, et en remplacement de la peine de mort elle-même à l'époque de la probabilité de sa suppression que le mouvement abolitionniste rend assez prochaine. Mais quelle pourrait être cette peine ? Celle du confinement solitaire.

Si je ne prétends pas introduire la philanthropie dans l'ordre pénal, je ne veux pas non plus y faire entrer l'inhumanité. La peine du confinement solitaire que j'ai proposée dès 1827 pour les coupables de parricide ou d'homicide prémédité ne ressemble en rien à celle qui s'infligeait sous Marie-Thérèse aux condamnés qu'on n'envoyait plus à l'échafaud, mais qu'on enterrait pour ainsi dire tout vivants dans ces cabanons souterrains du Spielberg où l'air pénétrait peu, où la lumière ne pénétrait pas, où ils étaient enchaînés au mur sans avoir même un peu de paille pour se coucher et ne recevant leur nourriture que par un guichet comme ces bêtes féroces auxquelles on jette les aliments à travers leurs barreaux sans oser les approcher.

M. Vischers qui, à la suite d'une visite au Spielberg, a tracé cet effrayant récit, ajoute que celui qui résista le plus longtemps à cet affreux supplice, succomba au bout de dix mois. Je me hâte de dire qu'il ne faut pas imputer à la maison des Hapsbourgs qui se signala au XVIIIᵉ siècle par son esprit progressif et éclairé pour le perfectionnement de la législation criminelle, ces cruautés révoltantes que Marie-Thérèse n'avait pas ordonnées et qu'on lui laissa toujours ignorer.

De la maison d'Autriche, je passe à l'Assemblée nationale où, en 1791, Lepelletier Saint-Fargeau, après avoir déclaré au nom des deux comités de constitution et de législation qu'il avait fallu rechercher et trouver une peine nouvelle assez effrayante pour remplacer un châtiment aussi redoutable que celui de l'échafaud, propose à l'Assemblée « que le condamné, privé de la vue du ciel et de la « lumière, soit jeté dans un cachot obscur, voué à une « entière solitude; que son corps et ses membres soient « chargés de fers, et qu'on ne lui fournisse pour sa nour- « riture et son repos que l'absolu nécessaire : du pain, de « l'eau, de la paille. » Puis, voyant l'émotion de l'Assemblée : « Nous avons donc, dit-il, une peine répressive pire « que la mort la plus cruelle si rien n'en adoucissait les « rigueurs »; et le principal adoucissement qu'il propose c'est de fixer à douze ans le minimum et à vingt-quatre le maximum de sa durée.

Singulière inconséquence ! Ces hommes, et c'étaient les plus distingués, car les deux comités de constitution et de législation renfermaient l'élite de l'Assemblée nationale, ces hommes, dis-je, qui avaient tant de fois crié anathème à l'ancien régime et à ses pénalités barbares, venaient au nom d'une réforme de civilisation, froidement proposer l'adoption de l'une de ces tortures dont le nom seul avait tant de fois soulevé leurs imprécations.

Il y a loin de là pour le parricide et pour l'assassin à

l'envoi à la Nouvelle-Calédonie, et il s'agit d'éviter ces deux excès opposés.

La peine que je propose pour restituer à la répression l'efficacité de ''l'intimidation et de la graduation pénale, présente sous le nom de *confinement solitaire*, le triple châtiment dé la captivité perpétuelle, de l'isolement et du remords, sans la prohibition de l'occupation manuelle et intellectuelle et sans la privation dans la limite réglementaire, de la visite du directeur, du médecin, de l'aumônier et du gardien de service. Je n'inscris pas toutefois sur la porte de la cellule comme dans l'enfer du Dante, ainsi que je le dirai dans le § 2 du quatrième titre : « Laissez l'espérance, vous qui entrez ici, » puisqu'il s'agit d'une justice qui ne doit pas être seulement répressive, mais pénitentiaire.

Telle est la peine du confinement solitaire à laquelle est acquise l'adhésion de plusieurs criminalistes autorisés et qui a même commencé à s'introduire dans l'ère nouvelle de la codification pénale.

Ce n'est pas pour la première fois qu'après avoir constaté dans ma pétition précitée au Sénat de 1867 les conditions préalables à l'abolition de la peine de mort en France et l'urgence de les remplir, j'ai démontré en attendant leur réalisation la nécessité d'édicter la peine du confinement solitaire pour atténuer l'état anormal de la répression. La gravité de cette situation me détermina à signaler à l'Académie, en mai 1877, dans un rapport verbal, la dangereuse inefficacité de la peine de la transportation pour la progression des cas de commutation où elle était appelée à remplacer la peine de mort. Je crois devoir rappeler l'extrait suivant de ce rapport qu'inséra la *Revue critique de législation* et que reproduisirent plusieurs organes de la presse quotidienne en signalant à l'attention publique le moyen que je conseillais pour sortir d'une situation aussi anormale.

« Je présenterai une observation qui m'est suggérée par

« un fait récent dont s'est émue l'opinion publique et dont
« je parlerai sans manquer au respect que l'on doit à l'auto-
« rité de la chose jugée. Il s'agit d'un accusé qui, après avoir
« été déclaré coupable de plusieurs crimes et, entre autres,
« d'un homicide prémédité, fut, par suite de l'admission de
« circonstances atténuantes, condamné à la peine des tra-
« vaux forcés à perpétuité.

« On n'a pu oublier que, dans une récente communica-
« tion à l'Académie, j'ai constaté la tendance progressive des
« condamnés à préférer à la peine de la réclusion celle des
« travaux forcés, depuis surtout que cette dernière avait
« été transformée en transportation pénale à la Nouvelle-
« Calédonie. Ainsi, la peine à laquelle Moyaux, puisqu'il faut
« le nommer, a été condamné, est celle qui, contrairement
« à la graduation de l'échelle du Code pénal, est préférée par
« les condamnés à la peine inférieure de la réclusion.

« Comme je n'ai pas puisé ma persévérante conviction
« relative à l'abolition de la peine de mort, dans les inspira-
« tions d'un sentimentalisme philanthropique, mais dans des
« considérations qui tendent à ne jamais sacrifier à l'intérêt
« du progrès humanitaire celui de l'ordre social et de la
« sécurité publique et privée, je vois dans le fait précité le
« danger d'une situation à laquelle il est urgent de remédier.

Ce que je proposais, en attendant le jour de l'abolition
en France de la peine de mort, c'était d'édicter que les condamnés à mort pour parricide et homicide prémédité dont
la condamnation aurait été commuée, subiraient à perpétuité la peine du confinement solitaire et que cette peine
pourrait même être appliquée, à perpétuité ou à temps,
aux accusés reconnus coupables de parricide et d'homicide prémédité avec circonstances atténuantes. Je demandais qu'on élevât sans retard à Belle-Ile-en-
Mer des constructions appropriées à cette destination, et en attendant leur achèvement que ces condamnés subissent leurs condamnations dans les quartiers

cellulaires des maisons centrales. Au lieu de la construction relative à l'établissement du confinement solitaire que je proposais d'établir à Belle-Ile-en-Mer, on a préféré la création d'une colonie de jeunes détenus ayant pour objet de fournir des mousses à la marine. Cette préférence me parait bien regrettable en face de la gravité de la situation anormale que j'avais signalée et de l'urgence d'y remédier. J'aurai occasion de revenir dans les § 1 et 2 du quatrième titre avec tous les développements nécessaires sur la peine du confinement solitaire.

§ III

Le mouvement abolitionniste relatif à la peine de mort. — Son origine. — Sa raison d'être. — Abolition de droit et de fait en matière de droit commun. — Abolition de droit en matière politique.

Il n'est pas né de l'initiative individuelle mais de la civilisation européenne. — Alternative de rendre à la peine de mort la certitude de son exécution ou de l'abolir. — Impossibilité de faire rétrograder le progrès humanitaire. — Nécessité du mouvement abolitionniste dans la marche de la civilisation européenne. — Les trois étapes. — L'abolition *de jure* en matière de droit commun et de droit politique. — L'abolition *de facto* en matière de droit commun.

Le mouvement relatif à l'abolition de la peine de mort, généralement désigné sous le nom de *mouvement abolitionniste*, a une origine impersonnelle. Il ne faut pas en rechercher l'auteur, car personne ne l'a fait. Il obéit à la loi qui régit la durée des institutions humaines qui n'ont pas le privilège de l'éternité. Elles se développent avec les besoins, avec les idées, avec les mœurs qui les ont fait naître, et disparaissent avec les besoins, les idées, les mœurs d'une autre époque (1).

(1) M. Ch. Lucas a fait, depuis sa nomination à l'Institut, en mars 1836, des communications successives qui avaient pour objet de

La peine de mort, ainsi que le démontre ce mémoire, a fait son temps; son maintien est dans le nôtre, un anachronisme qui indique pour le mouvement abolitionniste sa raison d'être.

Le témoignage de la statistique constate dans les précédents paragraphes de ce mémoire que l'exécution de la peine de mort qui, dans un temps, était la règle, est devenue aujourd'hui l'exception, et une exception fort restreinte qui, chaque jour, se restreint davantage encore. Le maintien prolongé de la peine de mort devient une impossibilité en raison de la progression des commutations de cette peine publiquement inexécutable et généralement inexécutée. Un pareil état de choses crée à la justice sociale une situation incompatible avec les exigences de la répression en matière de crimes capitaux. La justice sociale ne peut faire en effet de la répression qu'avec une peine qui remplisse la condition essentielle de la certitude de son application. Vouloir qu'il en soit autrement, c'est lui demander l'impossible.

De deux choses l'une, ou il faut rendre à la peine de mort la condition primitive de la certitude de son exécution, ou il faut l'abolir. C'est l'alternative qui s'est imposée à la civilisation européenne. Comme la diminution graduelle des exécutions était le résultat du développement progressif de cette civilisation, on a compris qu'il n'était pas possible de la faire rétrograder, et c'est ainsi qu'a dû se produire le mouvement abolitionniste.

On voit dans le tableau statistique C que sur 2,628 accu-

constater et seconder le développement progressif de l'abolition de la peine de mort, insérées dans le compte rendu des séances et travaux de l'Académie qui remonte à 1842. On peut ainsi suivre la marche du mouvement abolitionniste dans la collection du compte rendu, en consultant la table des matières qui contient l'indication de ces communications successives.

sés de crimes capitaux reconnus coupables pendant les huit années de 1873 à 1880, le jury en a exonéré 92 sur 100 de la condamnation à mort par l'admission des circonstances atténuantes dont il ne s'est ainsi abstenu qu'à l'égard de 8 %. Comment espérer que le jury pourrait changer ses proportions en n'accordant qu'à 8 % au lieu de 92 % l'admission des circonstances atténuantes.

Je ne prétends pas assurément que parmi ces déclarations de circonstances atténuantes, plusieurs ne soient admissibles, mais leur chiffre est trop excessif pour ne pas en imputer un certain nombre à la répugnance qu'éprouve le jury à prononcer des condamnations à mort. Pourtant le nombre des exécutions s'éloigne be   ioup de celui des condamnations à mort, car les chefs   à l'État qui, comme on l'a vu, partagent cette répugnance du jury, usent largement à leur tour de la commutation dans l'exercice de leur droit de grâce.

Comment demander à ces chefs d'État qui, sous l'influence de leurs lumières et de leurs sentiments élevés, sont entrés dans ce grand courant de civilisation, de réagir aujourd'hui contre son irrésistible développement en relevant le chiffre d'une seule exécution en 1881 à celui de 72 qu'il atteignait en 1826, et en ramenant à un par chaque département, comme en 1810, le nombre des exécuteurs réduit aujourd'hui à un seul pour la France entière.

Si l'origine du mouvement abolitionniste est dû au progrès de la civilisation, on ne saurait du moins méconnaître qu'il appartenait à la compétence des criminalistes de prendre l'initiative de sa direction afin de lui e   ier les imprudences et les témérités. C'était leur commun devoir et je me suis efforcé d'y concourir dans la faible mesure de mes forces, depuis 1826, avec une persévérante activité. L'intervention de la compétence des criminalistes a rendu au mouvement abolitionniste le service qu'il devait en attendre. Ce progrès humanitaire s'est développé jusqu'à

ce jour avec un ordre remarquable et trop peu remarqué
qu'il importe de signaler. Le mouvement abolitionniste ne
procède pas en effet avec la violence et la confusion de
l'action révolutionnaire. Il y a eu dans sa marche trois
étapes qu'on y retrouve avec une régularité assez habi-
tuelle. La première, celle du début, est l'abolition graduelle ; la seconde est l'abolition générale de fait ; la troisième, l'abolition générale de droit. Il convient d'énumérer
d'abord dans l'ordre chronologique les États dans lesquels
il est déjà parvenu à cette dernière qui est le couronne-
ment des deux précédentes.

Pour ce qui concerne les abolitions de droit, la première
à mentionner est celle du Code pénal en Toscane, du
20 juin 1859, où un décret du gouvernement provisoire
d'avril 1859 ayant force et loi, consacre l'abolition de la
peine de mort. Rien ne saurait mieux justifier cette abolition que le nouveau projet de Code pénal italien qui en
propose l'extension à tout le royaume d'Italie.

Depuis la promulgation du règlement organique de la
Valachie et de la Moldavie, c'est-à-dire depuis 1832, la
peine de mort n'avait jamais été appliquée en Valachie, et
une seule exécution avait eu lieu vers 1844 en Moldavie,
lorsqu'en 1865 cette peine disparut de la législation pénale
de la Roumanie. S. Exc. M. Phérékyde, ministre plénipo-
tentiaire de la Roumanie en France auquel je dois cette
information, a cru devoir y ajouter (1) : « Les résultats de
« cette réforme ont été si satisfaisants que personne, en
« Roumanie, n'a songé à demander le rétablissement de la
« peine capitale. »

Le duché de Nassau vivait en pleine sécurité sous le
régime de l'abolition de la peine de mort lorsqu'après
Sadowa, en 1866, cette réforme y fut supprimée par l'an-
nexion de ce duché à la Prusse par suite du traité de

(1) Lettre du 7 août 1884.

Prague, du 23 août 1866, qui avait compris ce duché de Nassau au nombre des États annexés à la Prusse (1).

Le royaume de Saxe qui avait aboli l'échafaud en 1868, et trois autres États de la confédération du nord de l'Allemagne, les duchés d'Oldenbourg, d'Anhalt et la ville libre de Brême qui avaient déjà antérieurement opéré cette abolition, poursuivaient avec un intérêt sympathique l'heureux essai de cette réforme lorsqu'il fut supprimé en 1871 par le nouveau Code pénal qui imposait l'unification pénale et par conséquent le rétablissement de la peine de mort à tous les États de cette confédération (2). C'était une grave atteinte au progrès de la civilisation dont ces États avaient à subir l'injustice sans qu'on pût leur en faire encourir la responsabilité.

L'abolition de la peine de mort en Portugal, avec le concours des pouvoirs publics par la loi du 1er juillet 1867, ne pouvait être taxée de témérité lorsqu'elle s'appuyait dans le passé sur l'expérience de la suppression de fait de l'échafaud pendant plus de vingt années confirmée par celle des dix-sept années écoulées depuis.

Ce n'était pas non plus une témérité de la part de la Hollande lorsqu'après une expérience de l'abolition de fait également de plus de vingt années, elle supprimait la peine de mort par la loi du 17 septembre 1870 que confirmait le nouveau Code pénal du 3 mars 1881.

Quant à l'abolition générale de la peine de mort en

(1) Ces États étaient les suivants : le Hanovre, la Hesse électorale, le duché de Nassau, la ville libre de Francfort, et les duchés Danois.

(2) Cette confédération comprenait : la Prusse, le royaume de Saxe, Saxe-Weimar, Saxe-Altenbourg, Saxe-Cobourg-Gotha, Saxe-Meiningen, les grands duchés d'Oldenbourg et de Mecklembourg, de Hesse-Darmstadt, les duchés et principautés de Brunswick, Anhalt-Schwarzbourg, Waldeck, Reuss, Schaumbourg-Lippe, les villes libres de Lubeck, Brême et Hambourg.

Suisse, que prononça l'art. 65 de la Constitution de 1874, je n'ai jamais approuvé cet article 65 dont la révision fut demandée en 1878. Le message fédéral constate que la Suisse était déjà entrée spontanément avant la Constitution de 1874 dans la voie du mouvement abolitionniste. Il indique, en effet, qu'au moment de l'adoption de la Constitution, sur les vingt-deux cantons dont se compose la confédération helvétique, il n'y avait eu depuis vingt-trois ans aucune exécution capitale dans quatorze d'entre eux. Il ajoute que six cantons avaient déjà pris l'initiative de la suppression légale de l'échafaud.

Mais c'était un procédé peu correct que de placer la déclaration en principe de l'abolition de la peine de mort dans une constitution qui avait pour objet l'organisation politique du pays. C'était de plus un procédé bien brusque que celui d'interrompre le mouvement abolitionniste dans les cantons, au lieu de le laisser y suivre son développement progressif et régulier qui offrait assurément le plus de chance de stabilité.

L'abolition de la peine de mort n'était dans l'art. 65 qu'un prétexte pour enlever aux cantons leur liberté législative. Le but réel de la suppression de cet article a été de la leur rendre. Il n'y a pas eu, de la part des cantons, réaction contre la suppression de la peine de mort, mais contre celle de leur liberté législative. On n'a, du reste, à signaler aucune exécution à mort depuis l'abolition de l'article 65 de la Constitution de 1874.

Je n'en dirai pas davantage sur cette question de l'abolition de la peine de mort en Suisse à laquelle j'ai consacré d'assez longs développements dans mon rapport à la séance de l'Académie du 31 mai 1879, inséré dans le compte-rendu de ses travaux.

Ainsi donc, depuis la date récente de son point de départ qui ne remonte qu'à 1859, le mouvement abolitionniste occupe déjà une place remarquable dans l'histoire de la civilisation européenne sous le rapport de l'abolition de droit.

Si dans le mouvement abolitionniste la France a été devancée par plusieurs États européens en matière de droit commun, elle a pris du moins l'initiative en proclamant par le décret du 26 février 1848 et par l'article 5 de la Constitution du 4 novembre de la même année, l'abolition de la peine de mort en matière politique.

Il importe toutefois de rappeler que tandis que la Constitution du 4 novembre 1848 maintient la peine de mort en droit commun, en la supprimant en matière politique, Lepelletier saint Fargeau, dans son rapport en 1791, au nom des deux comités de constitution et de législation de l'Assemblée nationale, conservait au contraire l'échafaud en matière politique pour ne le supprimer qu'en droit commun.

Quelques-uns des criminalistes appelés à dresser dans le xviiie et le xixe siècle la liste des abolitionnistes n'ont considéré comme tels que les partisans de l'abolition absolue de la peine de mort. On ne voit ainsi figurer sur leurs listes ni pour le xviiie siècle le nom de Beccaria qui avait admis en matière politique la peine de mort qu'il combattait en droit commun, ni pour le xixe siècle, M. Guizot, éloquent adversaire au contraire en matière politique de la peine de mort dont il demeurait le partisan en droit commun (1).

(1) Dans une lettre qui accompagnait l'envoi de la réimpression de son écrit sur l'abolition de la peine de mort en matière politique, M. Guizot m'exprimait, avec peu de développements du reste, les motifs de son opinion persévérante pour le maintien de la peine de mort en droit commun sans en puiser aucun dans l'étude de la statistique criminelle. On a souvent plaidé en faveur de Beccaria la circonstance atténuante qu'il n'avait pu avoir à son époque pour l'éclairer, le flambeau de la statistique criminelle qui joue un trop grand rôle dans l'appréciation de l'efficacité des peines pour être considérée comme une quantité négligeable.

J'ai toujours conseillé au mouvement abolitionniste de rester fidèle à la cause de la suppression absolue de l'échafaud afin de ne pas s'exposer aux contradictions que je viens de rappeler. C'est toujours une bonne et louable intention que celle de chercher à épargner le sang humain, mais c'est une étrange illusion que de croire que, tant que le droit commun maintiendra l'échafaud, les partis politiques aux jours des éruptions du volcan révolutionnaire ne s'en feront pas une arme pour se décimer entre eux.

Quant à l'abolition de fait en matière de droit commun, le tableau D annexe en constate l'importance lorsqu'on y voit qu'il n'y a eu aucune exécution en Belgique depuis 1864, en Italie depuis 1876, aucune en Prusse de 1870 à 1880. Il est probable que l'abolition de droit se réalisera prochainement en Italie qui l'a proposée par le nouveau projet de code pénal, en Belgique qui y est autorisée par une expérience de plus de vingt années de l'abolition de fait.

§ IV

Suite du précédent. — L'abolition graduelle de la peine de mort.

Mouvement accentué en France de l'abolition graduelle. — Témoignage de la statistique qui permet de considérer l'échafaud comme supprimé à l'égard des femmes. — Nouvelle constatation du phénomène des chiffres similaires en France et dans les pays étrangers.

Le troisième point de vue auquel il me reste à constater le développement du mouvement abolitionniste dans la marche de la civilisation, est celui de l'abolition graduelle de la peine de mort. Habituellement, il se produit d'abord à l'égard des crimes contre la propriété, puis il s'étend à ceux contre les personnes. Mais le dernier degré qu'il hésite et tarde toujours le plus longtemps à franchir, c'est celui de l'homicide prémédité.

Dans les dix États étrangers qui figurent au tableau annexe statistique D qui ne comprend pas naturellement ceux déjà énumérés où la peine de mort a été abolie de droit, les cinq appartenant à l'Empire allemand, la Prusse, la Bavière, la Saxe, le Wurtemberg et le grand duché de B le, conservent encore la peine de mort dans leurs codes pour l'homicide prémédité ainsi que la Suède et la Norwège. L'Angleterre est le seul de ces États étrangers appartenant sur ce tableau à l'abolition graduelle, dont la législation en matière de droit commun étende la peine de mort à plusieurs crimes autres que celui de l'homicide prémédité. On a vu qu'il en était ainsi de la France, mais où toutefois le nombre des crimes capitaux est beaucoup plus restreint qu'en Angleterre.

Dans une lettre longuement développée du 31 juillet 1867 au savant Mittermaïer, notre bien regretté correspondant, sur la marche présumée du mouvement abolitionniste (1) dans les divers États de l'Europe, et insérée dans le compte rendu des travaux de l'Académie, je disais : « Je crois « comme vous que ce n'est pas de l'Angleterre que le mou- « vement abolitionniste doit attendre des résultats prochains « et significatifs, malgré les hommes éminents que le mou- « mouvement abolitionniste en Angleterre compte dans ses « rangs, et à la tête desquels il faut citer lord John Russel « et John Bright. Notre réforme a trop à lutter dans ce « pays contre la puissance des traditions et l'empreinte des « vieilles pénalités.

« Quant à la France, vous me paraissez porté tantôt à en

_____

(1) Voir cette lettre insérée dans le compte rendu. Séance du 6 février 1869. — Voir également à la fin de ce mémoire la lettre à M. de Sellon sur la marche présumée de l'abolition graduelle de la peine de mort. (De Sellon. — *Peine de mort. 1828.*)

« trop espérer, tantôt à en trop désespérer par rapport au
« mouvement abolitionniste. Un homme d'État éminent,
« dont j'étais loin de prévoir la destinée, au moment où le
« comte de Sellon, son oncle, me l'adressait à Paris pour
« lui donner quelques conseils sur les cours scientifiques et
« littéraires qu'il devait y suivre, M. de Cavour me disait
« en 1856 : « Ce n'est pas la France qui donnera jamais la
« première, parmi les grands États de l'Europe, l'exemple
« de l'abolition de la peine de mort, parcequ'en France,
« ajoutait-il, il est plus difficile peut-être de faire une
« réforme qu'une révolution. » Cette opinion était sans
« doute exagérée ; mais il est certain, mon cher ami, que
« l'esprit français est plus prompt à concevoir qu'à réaliser.
« L'idée civilisatrice part presque toujours de la France,
« mais il faut qu'elle lui revienne ensuite, façonnée pour
« l'exécution. La France a donné dans ce siècle l'impulsion
« au mouvement abolitionniste en Europe. Elle a fait son
« œuvre d'initiative, maintenant elle attend que l'idée lui
« revienne fécondée par l'exécution, et alors elle fera son
« œuvre d'imitation et de perfectionnement. Croyez bien
« que ce que je vous dis est la vérité, et n'en voulez pas
« trop à la France, de ce que vous appelez son apathie
« actuelle pour le mouvement abolitionniste. »

Depuis cette lettre à Mittermaïer, le mouvement abolitionniste en France s'est considérablement accentué, comme
on l'a vu, par la progression des commutations de la peine
de mort, et il faut même dire qu'à l'égard des femmes, on
peut considérer l'échafaud comme supprimé de fait.

Pour s'en convaincre il convient d'abord de produire le
tableau suivant indiquant pour chaque sexe, le nombre des
condamnations à mort par chacune des 11 périodes quinquennales de 1826 à 1880 et celui des exécutions capitales
pour les 7 périodes quinquennales seulement de 1846 à
1880.

	CONDAMNATIONS A MORT			EXÉCUTIONS		
	Hommes	Femmes	TOTAL	Hommes	Femmes	TOTAL
1826 à 1830	470	84	554			860
1831 à 1835	296	31	327			154
1836 à 1840	166	31	197			147
1841 à 1845	217	23	240			178
1846 à 1850	219	26	245	146	14	160
1851 à 1855	235	47	282	143	15	158
1856 à 1860	191	26	217	110	10	120
1861 à 1865	99	9	108	61	2	63
1866 à 1870	79	6	85	45	1	46
1871 à 1875	129	16	145	71	3	74
1876 à 1880	119	8	127	38	»	83
Total...	2.220	307	2.527			1.493

La première explication qu'exige ce tableau est celle relative à l'omission des exécutions pour les 4 périodes quinquennales de 1826 à 1845. C'est ici le moment de dire que les cadres de tous les tableaux, soit annexés à ce mémoire, soit intercalés dans son texte, sont propres à sa rédaction, que les nombres y sont des nombres réels et non des nombres moyens, et que, parmi tous les chiffres dont se composent ces tableaux, soit pour la France, soit pour les pays étrangers, tous puisés aux sources officielles, plusieurs étaient inédits. De ce nombre sont ceux relatifs aux exécutions que relate ce tableau pour les sept périodes de 1846 à 1880, et mes recherches pour me les procurer à l'égard des 4 périodes précédentes ont été infructueuses.

J'ai cru devoir indiquer néanmoins dans ce tableau pour les 11 périodes quinquennales l'état complet des condamnés de chaque sexe à la peine de mort, afin de permettre d'étendre aux 11 périodes par la distinction des sexes, le nombre proportionnel des condamnations pour chacun. Ainsi pour l'ensemble de ces 11 périodes, le total des condamnés à mort des deux sexes était de 2,527, dont pour les hommes 2,220, et pour les femmes 307. Il en résulte sur 100 condamnations à mort un nombre proportionnel de 88 0/0 pour les hommes, de 12 0/0 pour les femmes. Le nombre réel des condamnations à la première de ces onze périodes, pour les deux sexes, 554, dont pour les hommes 470 et pour les femmes 84, donnait donc une proportion de 85 0/0 pour les hommes, et de 15 0/0 pour les femmes. Enfin, à la dernière période, le nombre total des condamnations à mort 127, dont 119 pour les hommes et 8 pour les femmes, présentait une proportion de 94 0/0 pour les hommes et de 6 0/0 pour les femmes. Ainsi, à l'égard des femmes, le nombre total et réel des condamnations à mort pour les 11 périodes, 307, s'élevant à la première à 85, descendait à la dernière à 8, et le nombre proportionnel de 15 0/0 à la première période s'abaissait à 12 0/0 pour les 11 périodes réunies et descendait à 8 0/0 pour la dernière.

On peut juger par là jusqu'à quel point le jury par l'admission des circonstances atténuantes élève en faveur des femmes la progression des commutations de la peine de mort.

J'arrive maintenant pour les sept dernières périodes à

l'examen comparé du nombre des exécutions à celui des condamnations capitales. Le nombre total des femmes condamnées à mort pour ces 7 périodes est de 138, et celui des exécutions de 45, ce qui fait une proportion sur 100 condamnations de 34 0/0. Ces 45 exécutions se répartissent ainsi : 39 appartiennent aux trois premières de ces sept périodes, soit 14, 15 et 10 ; 6 aux trois suivantes, soit 2, 1 et 3, et la dernière n'en contient aucune. Ainsi ces sept périodes se terminent, la dernière par le chiffre de 8 seulement pour les condamnations à mort, et par 0 pour les exécutions.

Mais il est utile de décomposer le chiffre total de la criminalité des femmes en matière capitale, et après avoir constaté l'infériorité numérique de leurs crimes d'en spécifier la nature et la gravité, d'après l'indication de ceux auxquels se rapportent les condamnations à mort et les exécutions.

Tel est l'objet du tableau suivant :

	FEMMES CONDAMNÉES A MORT.					FEMMES EXÉCUTÉES.				
	Parricide.	Assassinat.	Empoisonnement.	Infanticide.	Incendie d'édifice habité.	Parricide.	Assassinat.	Empoisonnement.	Infanticide.	Incendie d'édifice habité.
1826 à 1830	12	28	20	7	17	»	»	»	»	»
1831 à 1835	2	19	8	2	2	»	»	»	»	»
1836 à 1840	5	11	4	7	8	»	»	»	»	»
1841 à 1845	»	13	8	2	»	»	»	»	»	»
1846 à 1850	8	18	7	2	1	1	8	5	»	»
1851 à 1855	8	11	7	10	10	4	6	4	»	»
1856 à 1860	8	10	5	6	1	1	6	3	»	»
1861 à 1865	4	4	1	8	»	1	»	1	»	»
1866 à 1870	1	8	1	1	»	1	»	»	»	»
1871 à 1875	»	7	2	7	»	»	8	»	»	»
1876 à 1880	2	4	1	1	»	»	»	»	»	»
TOTAL ...	41	109	64	48	34					
	296 (1)									

(1) On remarquera en rapprochant le chiffre total des femmes condamnées à mort dans le tableau précédent, 307, de celui indiqué dans
le présent tableau, 296, une différence en moins de 11. Cette différence
s'explique ainsi :

9 femmes ont été condamnées à mort avant la révision de 1832,
savoir :

De ces 5 crimes, il en est un, l'infanticide, pour lequel la condamnation à mort n'a jamais reçu d'exécution pendant le cours de ces 7 périodes représentant 35 ans. Si on se reportait au tableau C *bis*, on verrait que c'est pourtant parmi les crimes capitaux celui dont les femmes ont été en plus grand nombre accusées et reconnues coupables. Mais le jury restreint par l'admission des circonstances atténuantes les condamnations à mort, et les souverains et chefs d'Etat par leur droit de *commutation* supprimant l'exécution, ont réalisé depuis 35 ans pour ce crime l'abolition de fait de la peine de mort. Quant au crime d'incendie d'édifice habité, sur 12 condamnations à mort pendant ces 7 périodes, une seule a été exécutée en 1852, et je dois ajouter que pour les 4 périodes précédentes, les 22 condamnations à mort pour ce crime n'avaient donné lieu à aucune exécution. C'est donc sur le chiffre total de 34 femmes condamnées à mort pour incendie de 1826 à 1880, une seule condamnation à mort, ce qui accuse encore pour ce crime l'abolition de fait de la peine de mort par rapport aux femmes. Le nombre proportionnel des exécutions sur celui des condamnations a un peu excédé la moitié pour l'empoisonnement, soit 54 0/0 ; il ne l'a pas atteint pour l'assassinat, soit 47 0/0, et il est presque tombé au tiers pour le parricide, soit 36 0/0.

Ainsi de ces trois crimes capitaux, c'est le parricide qui a obtenu le plus de part aux circonstances atténuantes. Si on réfléchit que c'est en face de 8 condamnations à mort, dont une seule pour infanticide, et les 7 autres pour 1 em-

4 pour vol accompagné des 5 circonstances aggravantes (en 1828) ;
3 pour fabrication de fausse monnaie (2 en 1831 et 1 en 1882) ;
1 pour vol sur un chemin public en 1828 ;
1 pour meurtre en 1881.
2 femmes ont été condamnées à mort pour séquestration avec tortures corporelles, l'une en 1839, l'autre en 1856.

poisonnement, 4 assassinats et 2 parricides, que s'est produite dans la dernière période quinquennale la suppression
de l'exécution à mort, on reconnaîtra qu'il y a là un fait
significatif de la tendance accentuée à ne plus envoyer les
femmes à l'échafaud. Je puis ajouter que cette tendance
n'a pas été démentie par les années écoulées depuis,

J'ai déjà appelé l'attention et l'étude des moralistes sur
un singulier phénomène que présente en France le compte
rendu de la justice criminelle, celui de la fréquente répé-
tition de chiffres similaires dans le mouvement de la criminalité. On en trouve un nouvel exemple dans ce dernier
tableau spécifiant, pour chacun des crimes capitaux commis
par les femmes pendant chacune des 11 périodes quinquennales de 1826 à 1880, le nombre des condamnations à
mort.

Sur ces 11 périodes, les nombres 2 et 3 s'y répètent deux
fois pour le crime de parricide ; les nombres 11 et 13 s'y répètent le premier deux fois et le second trois fois pour le
crime d'assassinat ; les nombres 7, 8 et 1 s'y répètent les
deux premiers deux fois, et le troisième trois fois, pour le
crime d'empoisonnement ; les nombres 1, 2 et 7 s'y répètent
le premier deux fois et les deux autres trois fois pour le
crime d'infanticide.

Ce phénomène que je n'avais signalé qu'en France, je
puis également le constater dans les 10 États de l'Europe
que comprend le tableau annexe D, en ce qui concerne les
condamnations à mort pour le crime d'homicide prémédité,
pour chacune des 11 années de 1870 à 1880. En Prusse le
nombre 49 se répète deux fois ; dans le grand duché de
Bade les nombre 1, 5 et 3 se répètent les deux premiers
deux fois et le troisième quatre fois ; en Bavière, les
nombres 12, 16 et 13 se répètent les deux premiers deux
fois, et le troisième trois fois ; en Saxe, les nombres 2, 4 et
3 se répètent les deux premiers deux fois et le troisième
trois fois ; en Wurtemberg les nombre 8, 1 et 5 se répètent

5.

le premier deux fois, et les deux autres trois fois; en Angleterre le nombre 34 se répète deux fois; en Belgique les
nombres 8, 7 et 5 se répètent les deux premiers deux fois
et le troisième trois fois; en Suède, les nombres 1, 2 et 3 se
répètent le premier deux fois, et les deux autres trois fois;
en Norwège, les nombres 1 et 4 se répètent deux fois; en
Danemarck, les nombres 1, 3 et 2 se répètent les deux premiers deux fois, et le troisième, cinq fois.

Ainsi, dans tous les pays précités, quels que soient le
chiffre de la population, l'étendue du territoire, le degré
de latitude, partout se produit ce phénomène, je pourrais
dire ce mystère jusqu'à ce qu'on soit parvenu à en décou-
vrir le secret et à en expliquer la cause.

Je crois avoir suffisamment constaté l'état présent du
mouvement abolitionniste en matière politique et en matière de droit commun, ensemble et séparément, et par
rapport à la fois aux deux sexes et à chacun d'eux. Il s'agit
maintenant des probabilités et des desiderata de son
avenir.

§ V

L'avenir du mouvement abolitionniste.

Ajournement de l'abolition de la peine de mort en France motivé par les
conditions préalables à remplir. — Détermination d'une nouvelle peine.
— Élaboration d'un nouveau code pénal. — Le mouvement abolitionniste
ne peut être la continuation du système matérialiste de la codification
pénale du XVIIIe siècle. — Transformation au XIXe siècle de la codification pénale par le système spiritualiste de la théorie de l'emprisonnement. — Espérance de l'avenir réservé au mouvement abolitionniste
et commencement de sa réalisation.

L'ensemble de ce mémoire me paraît démontrer surabondamment que ce que réclamerait l'impérieux besoin de
la répression en France, en matière de crimes capitaux, ce
ne serait pas assurément le maintien prolongé de la peine

de mort devenue, comme je l'ai déjà dit, publiquement
inexécutable, et en raison de la progression des commutations, généralement inexécutée : ce serait son remplacement par une peine, qui, par son intimidation et la certitude
de son application, présenterait les garanties d'efficacité
dont la peine de mort est aujourd'hui dépourvue.

Lorsqu'à une date déjà bien reculée, j'exprimais la conviction si persévérante depuis, que la peine de mort avait
fait son temps et qu'on ne devait plus compter sur son
maintien pour l'efficacité de la répression, je ne croyais pas
toutefois qu'il ne s'agit pour le mouvement abolitionniste que de supprimer par un décret l'échafaud et le
bourreau. Une réforme aussi grave que celle de l'abolition
de la peine de mort me parut exiger préalablement des
conditions que le criminaliste et l'homme d'État ne pouvaient méconnaître. C'était d'abord la désignation de la
peine nouvelle qui pourrait avantageusement remplacer
celle de mort. Mais il ne fallait pas considérer la peine de
mort isolément. Elle était la clef de voûte d'un système qui
devait s'écrouler avec elle. Ce n'était donc pas seulement
une nouvelle peine, mais un nouveau code pénal, qu'exigeait l'abolition de la peine de mort, en remplacement de
celui qui devait disparaître avec elle, afin de réaliser dans
l'échelle et la graduation des pénalités les modifications
que réclamerait l'introduction de la peine nouvelle destinée
à remplacer celle de mort (1).

De ces deux conditions préalables, la première, que le
§ II a déjà remplie, exigerait son application urgente sans
entraîner pour cela l'abolition de droit de la peine de mort
qui ne se réaliserait que par la promulgation du code pénal

---

(1) Voir mon rapport verbal à l'Académie sur le nouveau code pénal
italien (séance du 26 janvier 1884), et la lettre au journal italien
l'*Opinione* de M. Lucchini, professeur à l'Université de Bologne et
directeur de la *Rivista Penale* publiée à Florence.

nouveau appelé à en décider. Mais il faudrait sans désemparer procéder à son élaboration en raison des lenteurs qu'entraînent les travaux de codification et j'ajouterai les longueurs des délibérations parlementaires (1) qui sont maintenant l'objet des études des jurisconsultes et criminalistes à l'effet de rechercher les moyens d'en simplifier le fonctionnement et d'en abréger la durée.

Je dois loyalement reconnaître qu'aucun blâme de témérité ne m'a été adressé par les adversaires du mouvement abolitionniste à l'occasion de la part que j'ai prise à sa direction. C'est du côté des partisans de l'opinion abolitionniste que m'est venu parfois le reproche d'en ralentir la marche progressive par les conditions préparatoires que je conseillais comme nécessaires à la maturité de son développement. On voyait dans la difficulté de réaliser ces conditions préalables un regrettable ajournement au progrès humanitaire.

Je crois que ces conditions qui avaient paru d'abord excessives et difficilement réalisables doivent aujourd'hui être reconnues comme rationnelles et acceptées par l'application pratique.

Des deux conditions en effet préalables et précitées, la première, relative à la désignation de la peine destinée à remplacer la peine de mort, est assez généralement acceptée sous le nom de confinement solitaire.

La raison qui exige préalablement à la suppression de l'échafaud la désignation d'une peine nouvelle et l'élabo-

(1) La loi du 25 décembre 1880 dont le titre : « *Sur la répression des* « *crimes commis dans l'intérieur des prisons* » est incomplet, et demandait l'addition : « *à l'effet d'obtenir la transportation à la Nouvelle-* « *Calédonie* », présentée à la Chambre des députés le 20 mars 1879, promulguée le 25 décembre 1880, en est un exemple. Ainsi la promulgation de cette loi n'a eu lieu que deux ans après sa présentation malgré la brièveté de son texte.

ration d'un code nouveau en remplacement de celui dont
la peine de mort était la clef de voûte, n'est guère con-
testée.

En ce qui concerne l'avenir réservé au mouvement abolitionniste, je reproduirai ce que j'ai toujours pensé, toujours exprimé et toujours espéré à cet égard. Les ency-
clo-
pédistes en général, et Beccaria en particulier, n'ont vu
que ce que la justice sociale avait été et était encore en fait
de leur temps, et non ce qu'elle devait être en principe. Ils
se sont attachés par leurs éloquentes protestations à la
délivrer de toutes les pénalités barbares qui la déshono-
raient; et le Code pénal de 1810 résumait le progrès considérable que le xviiie siècle avait réalisé sous ce rapport, et
qu'il léguait au xixe siècle comme l'expression du perfectionnement accompli dans l'ordre des faits.

Ce ne furent donc pas seulement le prestige de la victoire
et la pression de la conquête qui déterminèrent l'adoption
de ce code dans plusieurs États de l'Europe, car il survécut
à la chute du grand Empire dans quelques-uns des États, et
notamment dans le royaume de Prusse où il ne fut remplacé qu'en 1870 par un code pénal nouveau. Toutefois, le
xixe siècle ne pouvait accepter ce legs du xviiie siècle que
sous bénéfice d'inventaire en fait et en principe. En fait, ce
code de 1810 était loin de réconcilier entièrement la codification pénale avec l'humanité, alors qu'il prescrivait que
la hache du bourreau coupât le bras du parricide et que le
supplice de cette mutilation précédât celui de la décapitation dont il était si prodigue ; alors encore qu'il édictait
la peine de la marque et celle du carcan.

J'ai toujours distingué deux systèmes dans la codification
pénale que j'ai appelés, l'un le système *matérialiste*, l'autre
le système *spiritualiste*. Le premier est celui qui est basé
sur la destruction de la vie, la mutilation du corps, les
peines irréparables et les peines infamantes, et dont le code
de 1810 présente une édition considérablement atténuée

par rapport au passé, mais répudiée par l'ère nouvelle que doit réaliser l'avenir. L'autre, le système spiritualiste, qui, pour mettre le coupable hors d'état de nuire, vient substituer à la destruction de la vie la privation perpétuelle ou temporaire de la liberté et par conséquent transformer la codification pénale en théorie de l'emprisonnement préventif, répressif et pénitentiaire, excluant les peines irréparables parce que la justice sociale est faillible, et les peines infamantes, parce qu'ainsi qu'il a été déjà dit, elle doit être en même temps que répressive, réformatrice ou pénitentiaire. Cette théorie qui va jusqu'à autoriser la captivité perpétuelle pour mettre le coupable hors d'état de nuire, se fonde pour la captivité temporaire sur l'alliance des deux principes de l'intimidation et de l'amendement, non en ce qui concerne l'amendement dans le sens philanthropique qui viendrait compromettre l'efficacité de cette alliance, mais dans le sens préventif de la récidive qui doit la caractériser et l'affermir.

Cette transformation de la codification pénale en théorie de l'emprisonnement est l'avènement dans les institutions de répression de la philosophie spiritualiste qui, en matière de crimes capitaux sans tuer corps ni âme impose au coupable la privation de la liberté, la souffrance de la solitude et celle du remords, et qui dans la captivité temporaire s'attache à prévenir la récidive du coupable par l'action énergique et suffisamment prolongée d'une discipline répressive et pénitentiaire.

L'espérance de cette transformation s'est déjà en grande partie réalisée dans le nouveau code pénal belge, dans celui du royaume de Hollande du 3 mars 1881. Elle est en voie de réalisation dans le nouveau projet de code pénal italien du 26 novembre 1889. C'est là pour le mouvement abolitionniste son succès le plus important dans le présent et sa meilleure espérance dans l'avenir.

La privation de la liberté doit être pour la codification

moderne sa base unique. Elle est appelée à réaliser l'avenir réservé à l'efficacité et au perfectionnement de la répression par la théorie de l'emprisonnement. La privation de la liberté répond à tous les besoins de la codification :

Au principe de préservation de l'ordre social dans son exigence absolue, puisque par la captivité perpétuelle, elle peut le mettre pour toujours hors d'état de nuire ;

Au principe de la graduation, puisqu'elle procure à toutes ses exigences, par la nature de son application et le degré de sa durée, les facilités désirables ;

Au principe de la réparation, puisque si elle ne peut enlever à la justice humaine sa nature faillible, du moins elle n'impose pas l'irréparabilité à ses erreurs.

§ VI

Incompatibilité de la peine de la transportation avec l'état normal de la répression et l'avenir de son perfectionnement par l'emprisonnement préventif, répressif et pénitentiaire.

Étrange engouement de l'opinion publique en France pour la transportation. — Les illusions sur l'apparente et trompeuse simplicité des expédients si compliqués de la politique du débarras. — La théorie de l'emprisonnement préventif, répressif et pénitentiaire ne peut admettre la coexistence de la peine de la transportation.

Avant de rechercher dans le quatrième titre de ce mémoire les moyens de remédier à l'état anormal de la répression en France, il fallait au moins dans les trois premiers titres réagir contre ceux qui tendent à l'aggraver.

Toutefois, à l'égard de la transportation, je suis loin d'avoir indiqué dans les paragraphes qui précèdent, notamment dans le premier de ce titre III, ce qui rend la peine de la transportation incompatible avec l'état normal de la répression, de l'avenir de son efficacité et de son perfectionnement par la théorie de l'emprisohnement préventif, répressif et pénitentiaire. Cette question est trop grave pour être traitée incidemment dans ce mémoire. Je me réserve de lui consacrer un mémoire spécial qu'elle me paraît exiger, moins toutefois en considération de son importance réelle qu'en raison de celle que lui donne l'étrange et persévérant engouement dont l'opinion publique est éprise en sa faveur.

L'opinion publique ne se dit pas sans doute qu'en principe chaque métropole doit pourvoir elle-même à l'état normal de sa répression, et que c'est trahir son devoir que de chercher d'une manière inique à rejeter cette responsabilité sur d'autres lieux auxquels elle n'incombe pas; qu'en fait, cette politique du débarras qui semble par sa trompeuse apparence un procédé si simple, est en réalité l'expédient le plus compliqué qu'on puisse imaginer et singulièrement restreint dans sa durée, car déjà la Nouvelle-Calédonie n'est pas éloignée de l'époque de l'encombrement sans qu'on aperçoive le moyen de la remplacer dans des conditions équivalentes de salubrité.

L'opinion publique ne s'est pas dit que le double but de la répression, c'est de mettre le coupable hors d'état de nuire, soit à perpétuité, soit temporairement, suivant la gravité du péril de la récidive. Dans le premier cas, il n'y a que deux moyens auxquels la justice sociale ait pu demander la garantie de sa sécurité; ces deux moyens sont: la privation de la vie et la privation de la liberté à perpétuité. Mais la transportation ne saurait réaliser la garantie de mettre le coupable hors d'état de nuire qu'autant qu'au lieu où il est transporté, il soit soumis à l'emprisonnement perpétuel. Or, à quoi bon traverser plusieurs milliers de lieues pour aboutir à l'emprisonnement perpétuel qui se pratique à la métropole dans de meilleures conditions de surveillance et d'application. Donc à ce premier point de vue obligatoire, celui de mettre le coupable hors d'état de nuire, la transportation est inadmissible.

En ce qui concerne la durée de la captivité temporaire, à quoi bon encore traverser les mers pour remplir dans de plus mauvaises et plus onéreuses conditions qu'à la métropole, l'obligation de cette captivité. Mais il n'y a pas seulement à considérer la question de la captivité, il y a de plus celle de l'époque de la libération.

Il est un principe que j'ai émis en 1836, dans ma *théorie de l'emprisonnement* pour ménager la transition si difficile de la vie captive au retour à la vie sociale, c'est celui de stimuler l'amendement du détenu par la perspective de la libération conditionnelle, et en même temps de le contrôler par cette épreuve en ajoutant pour l'époque de la libération définitive le complément du patronage. Ces principes généralement et sympathiquement acceptés à la fois par les théoriciens et les praticiens, ont reçu même dans plusieurs pays leur application pratique. Or, l'opinion publique ne s'est pas préoccupée sans doute de ce qu'on peut demander à la transportation à cet égard et de ce qu'on peut en obtenir.

Le lieu de transportation est une île habitée ou une île déserte.

Si c'est une île habitée, la métropole commet à son égard la révoltante iniquité si énergiquement flétrie par Franklin (1), en lui envoyant les cargaisons de ses malfaiteurs dont elle se débarrasse avec la stipulation à perpétuité. Comment trouver à cet encombrement de malfaiteurs du travail pour le retour à la vie honnête à l'époque de la libération. Devant les légitimes et incessantes récrimina-

(1) Que diriez-vous, disait Franklin à l'Angleterre qui transportait ses malfaiteurs dans les colonies américaines, si nous vous envoyions des serpents à sonnettes.

tions de la population honnête, il faut un jour ou l'autre
chercher un autre lieu de transportation en ne laissant
dans celui que l'on quitte, que les stériles dépenses et les
iniques aggravations d'un débarras momentané.

Si c'est une île déserte, à toutes les dépenses si élevées
d'installation et de construction qu'impose la question pénale, il faut ajouter pour l'époque de la libération le problème insoluble de la colonisation de ces malfaiteurs.
Comment créer une colonisation honnête avec l'élément
impur de la métropole ? La première condition de la colonisation, c'est la famille. Comment transporter et installer
les familles des condamnés dont si peu d'ailleurs offrent
des conditions morales et moralisatrices ?

Quant aux condamnés célibataires, comment arriver à la
famille par l'union des sexes, et par la famille à la colonisation, d'après le principe chrétien qui proscrit avec tant de
raison la polygamie, lorsque dans le mouvement de la criminalité, la disproportion est si grande entre les deux
sexes (1). En dehors même du principe chrétien, la colonisation des Mormons n'a pu se faire que par la disproportion contraire, c'est-à-dire par le nombre supérieur du
côté des femmes, et le nombre inférieur du côté des
hommes.

Parmi ces nombreuses et insolubles difficultés, en est-il
une seule qui se soit sérieusement présentée à l'engouement de l'opinion publique, et pourtant je suis loin d'en
avoir épuisé l'énumération, et me bornerai en terminant à
signaler l'impossibilité d'admettre dans un code de l'état
normal de la répression la coexistence de la théorie de
l'emprisonnement et de la peine de la transportation.
Comment, en effet, dans un nouveau code pénal dont je réclame l'urgente élaboration, pourrait-on pour la captivité

_____

(1) D'après le compte-rendu de la justice criminelle en France, en
matière de crimes, de 1826 à 1880, la proportion moyenne des hommes

appelée comme principe fondamental que réclame l'état normal de la répression, consacrer l'application des deux régimes suivants :

L'un, sous la discipline du silence, est celui de la monotone existence du détenu dans le chemin de ronde de la maison centrale qui, dans les cours, limite à sa vue la parcelle du ciel que son regard peut atteindre tandis que dans les ateliers s'impose la tâche qu'il doit remplir pour le gain des quelques centimes journaliers attribués à l'acquisition du pécule destiné à l'époque de sa libération.

L'autre est celui de l'existence à la Nouvelle-Calédonie du transporté qui, embrassant de son regard les horizons les plus étendus, vit et agit à l'air libre et qui, loin d'être soumis pendant tout le cours de son jugement au travail forcé que sa condamnation prononce, peut obtenir aux termes de l'art. 11 de la loi

a été de 83 %, et celle des femmes de 17 % ; en matière de délits communs, la première proportion est de 83.5 %, et la seconde de 16.5 % (de 1821 à 1880). On peut dire que les rapports proportionnels sont identiques dans les deux cas. En voici le détail :

	CRIMES		DÉLITS COMMUNS	
	HOMMES p. 100.	FEMMES p. 100.	HOMMES p. 100.	FEMMES p. 100.
1826 à 1830	81	19	»	»
1831 à 1835	84	16	81	19
1836 à 1840	82	18	83	17
1841 à 1845	83	17	83	17
1846 à 1850	84	16	85	15
1851 à 1855	82	18	83	17
1856 à 1860	82	18	82	18
1861 à 1865	84	16	84	16
1866 à 1870	84	16	85	15
1871 à 1875	83	17	84	16
1876 à 1880	84	16	85	15

de 1854, 1° l'autorisation de travailler aux conditions détermi-
nées par l'administration soit pour les habitants de la colonie, soit pour les administrations locales ; 2° une concession
de terrain avec la faculté de le cultiver pour son propre
compte.

Où trouver dans le second régime la trace si effacée du
principe de la captivité accentué dans le premier. Quel
contraste dans le caractère pénal ! A la maison centrale
le détenu, dans sa vie cloîtrée, remplit sa tâche journalière
qui lui est imposée pour atténuer la dépense de l'État, sauf
la légère rétribution réservée à son pécule, tandis qu'à la
Nouvelle-Calédonie plus de chemin de ronde à l'arrivée, et
au bout de quelque temps plus de travail forcé ; des concessions de terrain que le transporté cultive pour son
propre profit et non pour celui de l'État et dont, à l'époque
de sa libération, la propriété lui est acquise. Faut-il s'é-
tonner après cela des crimes commis par les détenus dans
les maisons centrales pour devenir, par la transportation,
des propriétaires dans .: Nouvelle-Calédonie.

Où la répression peut-elle trouver dans ce système le
principe de l'intimidation si nécessaire à son état normal ?
Et pourtant de ces deux régimes, le régime de la maison
centrale est dénaturé dans le code pénal par la loi de 1854
celui de la peine inférieure affectée aux condamnés à la
captivité de plus d'un an, tandis que le régime de la Calédonie est celui de la peine supérieure en remplacement de
la peine de mort pour les cas de commutation.

La captivité est la base fondamentale de l'état normal de
la répression. C'est un principe de la politique civilisatrice
et, à ce titre, il appartient à toutes les époques de la pénalité ou de la répression et en suit le perfectionnement
progressif dans son application. Il n'est pas comme le système de la transportation un expédient de la politique du
débarras qui d'abord ne peut appartenir qu'exceptionnellement aux nations maritimes et qui, ensuite, n'est qu'un

procédé accidentel et transitoire subordonné dans son emploi à la faculté disponible du lieu de transportation.

Le principe de la captivité n'est pas entravé dans son application par les légitimes résistances du droit international et des règles de l'équité, parce qu'il est pour les nations leur système universel de répression qui suit dans ses développements les progrès de la civilisation elle-même. Le régime de la captivité n'est pas, comme celui de la transportation, inapplicable aux jeunes détenus de moins de seize ans et aux condamnés sexagénaires. Il ne rencontre dans la différence de l'âge ou du sexe aucun empêchement à la généralité de son emploi, parce qu'il s'adapte à la nature même de l'homme dont il dérive.

Le jour où elle cessera de s'abandonner à un engouement irréfléchi pour se livrer à un examen sérieux et comparé des deux régimes de la captivité et de la transportation, l'opinion publique reconnaîtra combien est inadmissible la coexistence de ces deux régimes qui, à tous les points de vue, s'excluent au lieu de s'unir.

§ VII

Troisième cause principale de l'état anormal de la répression provenant non-seulement de l'excès de l'agglomération des détenus dans la vie captive, mais encore de celui de la population urbaine dans la vie libre.

Excès de l'agglomération des détenus dans les maisons centrales et ses déplorables conséquences. — Funeste influence de l'excès de la population urbaine dans les grandes capitales de l'Europe. — L'exemple de Paris. — Mouvement comparé du crime, du délit, de la récidive, et notamment des crimes capitaux, dans Paris et le département de la Seine, et dans le reste de la France. — Elévation de la criminalité pour le département de la Seine dans la proportion du double. — Progression accentuée des arrestations à Paris et dans la banlieue pour crimes et délits contre les personnes, contre les propriétés, contre l'ordre public, etc., de 1876 à 1882. — Le développement progressif de l'agglomération de Paris ne s'est réalisé qu'au détriment de la moralité du pays et du meilleur recrutement de sa force défensive. — Influence de l'excès de la population agglomérée à Paris plus accentuée encore sur l'accroissement des suicides que sur celui de la criminalité. — Objections à tout projet d'une nouvelle extension de l'enceinte de Paris.

Une troisième cause mentionnée dans le titre de ce paragraphe, et provenant non-seulement de l'excès de l'agglomération des détenus dans la vie captive, mais encore de celui de la population urbaine dans la vie libre, me paraît devoir être ajoutée au nombre des causes principales de l'état anormal de la répression. Il convient de le faire, en considération d'abord de l'importance qui est propre à cette cause, et surtout en raison de la gravité des récriminations de l'opinion publique contre l'accroissement des récidives parmi les libérés des maisons centrales de force et de correction, et contre la progression de la criminalité, et notamment des crimes capitaux, qui compromet à Paris la sécurité publique et privée. Je ne conteste pas l'accroissement de la récidive dans les maisons centrales depuis 1880, ni la progression à Paris des crimes capitaux; mais au lieu de se livrer à de stériles récriminations, il importe de remonter de l'effet à la cause du mal pour arriver aux moyens d'y remédier. Or l'étude me conduit à imputer à cet égard la cause principale de l'état anormal de la répression à l'agglomération excessive de l'effectif des détenus dans les maisons centrales de force et de correction, et à celle de la population urbaine dans Paris. On ne se rend pas assez compte de la funeste influence qu'exerce, à tant de points de vue, dans la vie captive et dans la vie libre, l'agglomération excessive de la population, et ce n'est pas un paragraphe, c'est un livre spécial que je voudrais pouvoir consacrer à cette appréciation.

Je parlerai d'abord des maisons centrales.

Lorsque l'illustre M. Guizot, comme ministre de l'intérieur, m'appela en 1830, sur le vœu de la Chambre des députés, à l'inspection générale des prisons de France, non pas, comme il me l'écrivait, pour remplir une fonction, mais une mission, celle de rechercher et indiquer les moyens d'introduire dans ces prisons un régime répressif et pénitentiaire, je lui répondis :

Qu'en ce qui concernait les jeunes détenus, l'introduction d'un régime répressif et pénitentiaire pouvait se réaliser par la création d'établissements spéciaux agricoles ou industriels, avec un régime disciplinaire approprié à la nature de ces institutions ;

Qu'en ce qui concernait les prévenus et accusés et les petits délinquants condamnés à un an et au-dessous, on pouvait introduire dans les maisons départementales d'arrêt, de justice et de correction, affectées à ces trois catégories de détenus, un système d'emprisonnement préventif et répressif approprié aux différentes situations des éléments de cette population. Mais à l'égard des condamnés renfermés dans les maisons centrales de force et de correction, je déclarais qu'il existait un empêchement radical à l'introduction d'un régime répressif et pénitentiaire dans ces maisons, c'était l'excès de population des condamnés qu'on entassait par 1,000, 1,200 et 1,500 ; que l'effectif de 400 était le maximum de population qui permit l'introduction d'un régime répressif et pénitentiaire, et que si l'on ne réduisait pas ces établissements à ce maximum, je n'avais pas à rechercher les moyens de réaliser une imposssibilité.

Pendant les 85 ans que j'ai appartenu au Conseil des inspecteurs généraux des prisons que j'ai eu l'honneur de fonder et de présider, mes actifs et persévérants efforts pour obtenir la réduction de l'effectif des maisons centrales à un maximum normal, n'ont pu triompher des résistances de la routine, qui ne recherchait que les économies de la construction sans faire entrer dans ses calculs celles de la récidive. Aussi, tandis qu'on critique journellement et si sévèrement ces établissements auxquels on demande des résultats qu'on les a mis dans l'impossibilité de réaliser, je me sens surpris, au contraire, que cette fermentation de

1,000 à 1,500 malfaiteurs ne produise pas un nombre de récidivistes encore plus élevé, et qu'on obtienne dans ces maisons avec une telle agglomération de condamnés et l'aggravation de leur promiscuité autant d'ordre matériel. Je suis
surpris encore que le travail, dont l'organisation avait paru
au début si douteuse, soit parvenu à un développement qui
soutient la concurrence du travail libre et lui inspire même
des appréhensions exagérées.

Si, au point de vue administratif, j'ai échoué dans mes
efforts à combattre l'excès d'une population agglomérée
comme l'obstacle insurmontable à un régime répressif et
pénitentiaire, j'ai été plus heureux au point de vue scientifique, car le chiffre de 400 à 500, indiqué dans ma *Théorie
de l'emprisonnement* comme maximum normal, a été
adopté par le congrès de Londres et les congrès suivants,
et ne trouve pas de contradiction.

J'arrive maintenant à la grave et fâcheuse influence que
l'excès de la population urbaine exerce sur l'état anormal
de la répression. En parlant de l'agglomération dans la vie
captive et dans la vie libre, je ne saurais assurément faire
aucune assimilation entre la population coupable et la
population honnête; et c'est précisément en me fondant
sur la ligne profonde de démarcation qui les sépare, que je
me suis cru dispensé de démontrer les funestes conséquences que l'agglomération devait avoir nécessairement
au sein de la population coupable. Mais quand il s'agit de la
population urbaine dans la vie libre, la dangereuse influence que l'excès de l'agglomération doit exercer ne se
conçoit et ne s'admet pas *ipso facto*. Elle a besoin d'être
démontrée, comme je vais m'attacher à le faire.

J'ai eu, en plusieurs circonstances, l'occasion de dire
qu'à côté de la responsabilité du système de l'emprisonnement dans le mouvement de la criminalité et de la récidive,
il y avait souvent celle du système social, et l'excès d'agglomération de la population urbaine en est un frappant
exemple. La presse dépeint souvent sous les plus sombres

couleurs la criminalité de Paris. Or il faut remonter de l'effet à la cause qui n'est pas spéciale à Paris, mais commune aux plus grandes capitales de l'Europe, et qui tient, je le répète, à l'excès de la population agglomérée dans les grandes capitales. Les moralistes et les criminalistes y voient avec raison une plaie de la civilisation européenne.

Je voudrais pouvoir, pour les trois grandes capitales, Londres, Paris et Vienne, demander à la statistique la démonstration positive de l'influence déplorable que l'exagération de la population de ces trois capitales exerce sur le mouvement du crime, du délit et de leur récidive, et même sur celui du suicide. Mais, il faut le dire à l'honneur de tous les ministres qui se sont succédé au ministère de la Justice, ce n'est qu'en France que le compte rendu de l'administration de la Justice criminelle peut offrir à l'étude scientifique des éléments suffisants d'appréciation en ce qui concerne Paris, ou plutôt le département de la Seine, car c'est l'ensemble de la population de ce département que le compte rendu de l'administration de la Justice criminelle comprend dans ses tableaux statistiques.

Toutefois si l'agglomération de population de Paris est la circonstance aggravante, le fait de comprendre dans le calcul les deux éléments réunis de l'enceinte de Paris et de la population *extra muros* est une circonstance atténuante au profit de la population agglomérée dans le calcul de l'appréciation de sa criminalité.

La population du département de la Seine s'élevait, d'après le recensement de 1877, à 2,799,329, se répartissant ainsi : enceinte de Paris, 2,269,023 ; *extra muros*, 530,306, c'est-à-dire près du quart.

On peut ainsi apprécier l'importance de la circonstance atténuante précitée dans le calcul *in globo* du département de la Seine. On doit en conclure que le calcul de la criminalité de Paris qui va suivre aurait été sensiblement plus élevé s'il avait été possible de défalquer de ce calcul

6.

l'élément *extra muros*, comme on le verra à l'occasion du tableau relatif au chiffre distinct pour Paris et la banlieue des arrestations dans le département de la Seine.

Le chiffre de la population du département de la Seine, 2,799,329, multiplié par 13.46 reproduit le chiffre total de la population de la France, 37,672,048. Le chiffre de la criminalité de la Seine, crimes et délits communs, pour la période quinquennale de 1876 à 1880, 115,098, multiplié par 7.63, reproduit le chiffre total de la criminalité de la France, 878,632. Il en résulte que les crimes et délits ont été commis dans le département de la Seine dans une proportion à peu près double de celle de la France.

En ce qui concerne la proportionnalité relative aux accusés de crimes, aux prévenus de délits communs et aux récidivistes de crimes et de délits, les résultats sont les suivants :

Le chiffre des accusés de crimes pour la Seine, 3,100, multiplié par 7, donne à 4 centièmes près, le chiffre total des accusés pour la France, 21,871.

Le chiffre des prévenus pour la Seine, 111,992, multiplié par 7,65, reproduit le chiffre total des prévenus pour la France, 856,761.

Le chiffre des accusés récidivistes pour la Seine, 1159, multiplié par 7,14, reproduit le chiffre total des accusés récidivistes pour la France, 8,278.

Le chiffre des prévenus récidivistes pour la Seine, 49,939, multiplié par 7,08, reproduit le chiffre total des prévenus récidivistes pour la France, 353,655.

Ainsi, pour toutes les catégories, accusés de crimes, prévenus de délits communs, accusés et prévenus récidivistes, le département de la Seine, qui représente environ le quatorzième de la population de la France et le septième de sa criminalité, a proportionnellement une criminalité à peu près du double plus élevée que celle du reste de la France. Cette proportion du double de la criminalité de Paris serait non seulement atténué, mais même annulée, si l'on avait pu opérer sur le chiffre de la population intra muros de Paris seulement. Toutefois on remarquera que la proportion la plus élevée est pour les accusés de crimes et pour les prévenus récidivistes de délits communs.

En ce qui concerne, par rapport au nombre proportionnel d'habitants, la criminalité comparée du département de la Seine et de la France, on arrive aux résultats suivants :

Sur 10,000 habitants, il y a 11 accusés pour la Seine et 5 pour le reste de la France ;

400 prévenus pour la Seine et 214 pour la France ;

4 accusés récidivistes pour la Seine, 2 pour la France ;

178 prévenus récidivistes pour la Seine et 87 pour la France.

C'est la confirmation plus explicite du résultat de la comparaison au point de vue précédent.

Le compte rendu de l'administration de la justice criminelle, dans ses tableaux généraux, indique, comme on l'a vu, le nombre des accusés de crimes et des prévenus de délits communs pour tout le département de la Seine, sans distinction du chiffre spécial à la population de Paris et de celui imputable à la banlieue. Mais, par une heureuse innovation que l'on doit à M. Yvernès, un tableau relatif au mouvement des arrestations par chaque année pendant la période de 1876 à 1882 dans le département de la Seine, en présente le nombre séparément pour Paris et la banlieue. Le nombre total pour ces 7 années des arrestations a été dans la banlieue de 29,911 et dans Paris de 239,447 ; ensemble 269,358. La proportion est de 89 0/0 pour Paris et de 11 0/0 seulement pour la banlieue qui représente pourtant, comme on l'a dit, près du quart de la population du département de la Seine et vient atténuer par l'effet du calcul in globo de la criminalité de Paris et de la banlieue, celle afférente à Paris.

On peut suivre dans cet intéressant tableau le mouvement progressif de la criminalité de Paris, qui, dans cette période de 7 années, part du nombre de 28,932 arrestations à la première année, pour s'élever à la septième à 40,774. Si on passe de l'ensemble aux articles détaillés, on remarque que le mouvement progressif des arrestations s'accentue notamment pour les causes suivantes :

	Première année	Dernière année
Crimes et délits contre les personnes...............	972	1.801
— — propriétés............,........	8.786	12.502
— — l'ordre public....	17.426	26.703
Arrestation de mineurs au-dessous de 21 ans.......	7.733	12.712
Individus déjà arrêtés dans l'année............;.......	2.225	3.257
— antérieurement...	11.913	17.597

Ces affligeants résultats ne tiennent pas seulement au chiffre exhorbitant de la population agglomérée de Paris, mais à la manière anormale dont cette agglomération s'était réalisée. Je considère comme accroissement normal de la population d'une grande cité, celui qui est la conséquence du développement graduel de sa prospérité. C'est ce développement graduel qui de 1801 à 1831, élève la population de Paris de 547,756 à 785,800, soit une augmentation en 30 années de 238,000. Ce développement graduel continue de 1832 à 1856 et élève la population à 1,174,800. L'accroissement qui en 56 année avait été de 626,500, s'élève pour les 25 années de 1857 à 1881 à 1,094,700.

Ce prodigieux accroissement tient d'abord à celui de la superficie de Paris qui de 3,403 hectares en 1831, s'accrut de plus du double en s'élevant au chiffre de 7,802 hectares pendant la période de 1856 à 1861. Il tient ensuite à la surrexcitation donnée à l'industrie du bâtiment par suite de laquelle la population s'accrut pendant cette seule période quinquennale de 521,800, chiffre si rapproché de

celui de 626,500 pour les 56 années écoulées de 1801 à
1856.

On voit combien le mouvement de la population de Paris
est loin d'avoir suivi son développement normal en s'élevant
du chiffre de 547,756 en 1801, à celui de 2,269,023 en 1881.
Cette augmentation exhorbitante de 1,094,700 dans les
25 années de 1857 à 1881, ce n'est pas dans son sein que
Paris a pu la trouver, mais en très grande partie dans un
emprunt fait au dehors. Il s'est peuplé par la dépopulation
de la France provinciale, et quelle a été dans la France
provinciale le principal élément de cette dépopulation !
C'est la population agricole, celle qui d'après le compte
rendu de la Justice criminelle fournit relativement le con-
tingent le plus bas à la criminalité, et le meilleur, en
même temps que le plus élevé, à la force défensive de la
France, qui trouve dans cet élément les conditions les
plus efficaces de son recrutement pour l'armée de terre et
de mer. C'est ainsi que le développement progressif de
l'agglomération de Paris ne s'est réalisé qu'au détriment
de la moralité du pays et du meilleur recrutement de sa
force défensive.

En face d'un résultat si regrettable, peut-on ajouter
quelque créance à un prétendu projet d'étendre davantage
encore l'enceinte de Paris, et de donner ainsi une nouvelle
prime d'encouragement à son développement excessif, et
aux funestes conséquences qu'il a entraînées. Pour moi, je
ne puis y croire lorsque, dans l'état actuel de l'agglomération, l'accroissement de population de Paris a pour corollaire celui du crime, du délit, et de la récidive, dans une
proportion double à celle du reste de la France.

A cette funeste influence de l'excès de la population
agglomérée sur l'accroissement de la criminalité, il faudrait ajouter celle qu'il exerce sur la progression du suicide, ce triste symptôme de l'état moral et social d'un pays.
D'après le compte rendu de la Justice criminelle, le nombre

des suicides dans la période quinquennale de 1876 à 1880, sur 10.000 habitants, donne la proportion de 19 suicides pour la Seine et de 7 seulement pour la France provinciale. Le nombre des suicides pour cette période quinquennale s'élevait à 5.862, ce qui fait un nombre moyen annuel de plus de 1.000.

Je ne saurais concevoir les avantages qu'un nouveau projet d'extension de l'enceinte de Paris pourrait offrir pour atténuer la gravité des funestes conséquences précitées. Ce ne serait pas assurément au point de vue économique. Il y a longtemps qu'on a dit : l'excès en tout est un défaut; et la sagesse de cette maxime me semble particulièrement applicable à l'excès de population agglomérée. Je n'aperçois nulle part l'avantage à en recueillir. Je crois que l'économiste, pas plus que le criminaliste et le moraliste, ne peut approuver cet excès de population qui jette dans toutes les questions des cimetières, de l'approvisionnement des eaux, des égouts, etc., des complications qui accroissent les difficultés de ces questions, au point de rendre une bonne solution impossible à obtenir.

Sous le rapport administratif, l'excès de population finit par faire d'une capitale un Etat dans l'Etat. Paris, avec ses 2,269,023 habitants, a une population beaucoup plus élevée que celle de l'Etat de Grèce, de 1,920,000 ; de l'Etat de Wurtemberg, de 1,882,000 ; de l'Etat de Danemarck, de 1,865,000 ; et enfin de l'Etat de Norvège, de 1,806,000.

Quant aux lettres et aux beaux-arts, on a dit que Paris devait être l'Athènes moderne, mais Athènes sous Périclès n'avait guère que 20,000 habitants.

Je n'ai pas besoin de dire en le terminant, que ce long paragraphe se rattache étroitement à l'objet de ce mémoire non-seulement sous le rapport du mouvement de la criminalité, mais encore sous celui des conditions normales de la répression. Il est évident que l'excès de la population

agglomérée dans l'enceinte d'une capitale est un très grave
obstacle à l'efficacité de la répression et la jette dans une
situation anormale. On peut en juger en France où la
police exige pour Paris seul une organisation plus active,
plus compliquée, plus dispendieuse que pour tout le reste
du pays, sans pouvoir toujours réussir à satisfaire les légitimes exigences de la sécurité publique et privée, ainsi que
l'attestent les fréquentes réclamations de la presse pari-
sienne. On ne s'en prend qu'à l'autorité chargée de cette
police sans tenir compte que, par l'excès de sa population
agglomérée, Paris offre un appât et un refuge aux malfaiteurs pour exploiter les occasions de se livrer à leurs mé-
faits en trouvant tant de moyens de se dérober à la surveillance et à l'arrestation. On voit par ce paragraphe
combien l'élévation progressive de la population de Paris
vient accroître pour les malfaiteurs les facilités du crime
et du délit et affaiblir ainsi pour les citoyens honnêtes les
garanties de leur sécurité.

Je terminerai donc par le vœu qu'on ne vienne pas
aggraver l'état anormal de la répression par une extension
nouvelle de l'enceinte de Paris dont chaque accroissement
du chiffre déjà si excessif de sa population agglomérée
vient augmenter dans un rapport si disproportionné la
criminalité totalisée de la France.

§ VIII

*Appréciations et appréhensions relatives à l'état anormal
de la répression et à celui de l'économie sociale.*

Appréciations et appréhensions relatives à l'état anormal de la répression. — Autre état anormal plus grave encore de l'économie sociale
qui ne peut être l'objet de l'examen de ce mémoire. — Nécessité seulement de le signaler succinctement et incidemment aux sérieuses préoccupations des moralistes et des hommes d'État.

J'ai exprimé dans le cours de ce mémoire mes appréciations sur l'état anormal de la répression, à tous les points de vue et je crois en avoir exposé les causes et les effets d'une manière assez complète. Mais je n'ai peut-être pas suffisamment indiqué les appréhensions que cet état anormal devait inspirer et que j'avais personnellement éprouvées. Ces appréhensions qui doivent se rattacher principalement au mouvement de la criminalité se révèlent d'elles-mêmes. Il est évident, en effet, que plus la répression s'éloigne de son état normal, plus son anomalie favorise le mouvement du crime, du délit et de la récidive.

Je ne suis pas un alarmiste, ainsi que l'attestent plusieurs communications à l'Académie sur le compte rendu de l'administration de la justice criminelle en France pendant les 55 années écoulées de 1826 à 1880, et je rappellerai notamment celle du 19 mai 1883 où je m'exprimais ainsi : « Puisque j'ai parlé dans ce rapport de l'étude du
« mouvement de la criminalité, je crois devoir rappeler à
« l'Académie mon affirmation si souvent faite, et renouvelée
« dans une récente communication, concernant l'erreur
« tant accréditée en France que c'était dans le mouvement
« du crime que se révélait une effrayante progression.
« J'ai constamment affirmé que l'augmentation n'existait
« pas dans le mouvement du crime et ne se rencontrait
« que dans celui du délit. J'ai ajouté qu'il en était ainsi du
« mouvement de la récidive dont la tendance accentuée ne
« se produisait pas de crime à crime et de délit à crime,
« mais de crime à délit et de délit à délit. La première
« délibération de la Chambre des députés, à laquelle a
« donné récemment lieu sur le mouvement de la crimi-
« nalité, le projet de loi relatif aux récidivistes, m'autorise
« à persévérer avec confiance dans mon affirmation, car la
« reconnaissance officielle que l'accroissement ne concer-
« nait pas le mouvement du crime, mais celui du délit, n'a
« guère trouvé de contradicteurs. »

Toutefois dans le cours de mon étude sur le phénomène

de la progression des commutations de la peine de mort, la complication résultant de la loi de 1854 sur la transportation à la Nouvelle-Calédonie dut éveiller ma persévérante préoccupation et m'inspirer une appréhension qui me détermina à appeler bientôt à cet égard l'attention du Parlement et de l'opinion publique. De là ma pétition imprimée et distribuée en mars 1867 aux membres du Sénat impérial auxquels je ne signalais pas seulement la nécessité de supprimer la publicité de l'exécution de la peine de mort, mais encore de se préparer à l'abolition de cette peine elle-même par les conditions préalables qu'exigeait l'accomplissement de cette grave réforme et notamment l'urgence d'une peine nouvelle, dite reclusion ou le confinement solitaire, et d'un code pénal nouveau. De là encore ma communication à l'Académie, de mai 1877, contenant la proposition d'élever à Belle-Ile-en-Mer des constructions destinées à l'application du confinement solitaire aux parricides et assassins exonérés de la peine de mort par commutation.

Enfin, sous la réserve qu'un urgent recours au confinement solitaire viendrait atténuer les graves inconvénients de la prolongation de la peine de mort et de celle de la transportation en matière de crimes capitaux, j'affirmais avec une patriotique satisfaction dans ma lettre du 14 octobre 1882 à M. le ministre de l'intérieur que « d'après le « témoignage de la statistique judiciaire comprenant, pen- « dant les 55 années écoulées de 1826 à 1880, les infractions « aux lois pénales constatées par l'action régulière de la « justice criminelle, la France n'avait à craindre parmi les « nations de l'Europe aucun examen comparé sous le rap- « port de la moralité légale de sa population. » Toutefois j'avais soin d'ajouter dans cette lettre, comme je l'ai fait à dessein dans toutes mes communications relatives à mes appréciations sur la statistique judiciaire de la France de 1826 à 1880, une seconde réserve conçue dans les termes suivants : « Puissent le présent et l'avenir ne pas démentir

« le passé ! » Ce vœu avait un sens assez manifeste, celui d'une appréhension que j'ai indiquée du reste en maintes occasions, et notamment dans ma lettre (1) du 14 mars 1884 à M. Luigi Lucchini, professeur à l'Université de Bologne, traduite et publiée par plusieurs journaux juridiques italiens : « Cette réserve, écrivais-je à ce savant jurisconsulte, « m'a été inspirée par les sombres appréhensions de l'in- « fluence que ne tarderait pas à produire sur le mouve- « ment de la criminalité l'alarmante propagande en France « des doctrines les plus subversives de tout ordre social « et moral. Il faut donc attendre des comptes rendus de la « justice criminelle de tristes révélations, car on récolte « ce qu'on a semé, et l'ensemencement de l'ivraie ne peut « produire du bon grain. »

Dans le paragraphe précédent, l'état de la criminalité et de la répression à Paris, n'est pas de nature à démentir mes tristes prévisions.

On voit dans ce qui précède l'expression de deux appréhensions, d'une part celle qui entraînerait dans le mouvement de la criminalité la propagande des doctrines anarchistes, qui, en pervertissant chez le peuple le sens moral, détruisent la meilleure garantie de la moralité individuelle et de la moralité sociale, et d'autre part les funestes conséquences de l'état anormal de la répression dépourvue des quatre conditions principales de l'efficacité des peines.

De ces deux sortes d'appréhensions, je n'avais à m'occuper dans ce mémoire, comme je l'ai fait, que de celles qui se rattachaient à l'état anormal de la répression. Mais je ne saurais méconnaître que quelque funeste que puisse être cet état anormal de la répression, ce n'est pas sous le

---

(1) Cette lettre a été écrite à M. Luigi Lucchini à l'occasion de la remarquable étude de ce célèbre professeur sur la *Criminalité en Italie* de 1875 à 1882, traduite postérieurement de l'italien en français, et insérée dans le Bulletin de novembre 1884 de la Société générale des prisons.

rapport de l'ordre pénal, mais sous celui de l'ordre moral et social, que la situation présente du pays doit inspirer les plus sérieuses préoccupations, en face des doctrines et des agressions de l'esprit anarchique pour ériger la primauté de la force sur la ruine de celle du droit.

Il ne faut pas désespérer du reste du triomphe de l'ordre moral et social. On ne supprime pas dans son cours, et on ne renverse pas de sa base une civilisation où l'économie sociale est fondée, comme je l'ai dit depuis longtemps (1), sur le concours respectif et intelligent des trois institutions de bienfaisance, de prévoyance et de répression, et qui poursuit, dans cette voie, ses aspirations au progrès humanitaire. La lumière de la civilisation est comme celle du soleil que des temps orageux viennent momentanément obscurcir. Elle ne tarde pas à triompher des nuages amoncelés qui la dérobaient à nos regards, et bientôt elle reparaît dans toute sa splendeur pour reprendre son influence bienfaisante et réparatrice.

La civilisation française est une civilisation spiritualiste. Quand on ne considère la France qu'à la surface, elle peut paraître, à certains égards, un peu frivole, sceptique et même railleuse. Mais quand on examine à fond le caractère français, on y trouve le sentiment du bien, du vrai, du beau et l'amour de l'idéal, comme diraient ceux qui se servent maintenant de ce mot pour n'avoir pas à prononcer le nom de Dieu. Ces sentiments si élevés sont trop profondément enracinés dans le caractère français pour permettre au matérialisme d'envahir la France, et d'y ravaler l'homme au niveau de la brute en lui ôtant la dignité de sa nature et la responsabilité de sa destinée.

L'histoire de l'humanité est remplie des guerres civiles provenant des luttes sanglantes et acharnées chez divers peuples, pour la forme des constitutions sociales et poli-

(1) *Système pénal et répressif en général et de la peine de mort en particulier.* Paris, 1827.

tiques, et il n'est pas malheureusement à espérer qu'elles aient touché à leur fin. Mais parmi les nombreuses utopies qui ont traversé le cerveau humain, il en est une qu'on n'avait pas vu encore se produire, celle qu'aucune de gouvernement n'était appelée à régir l'humanité ; que l'anarchie devait être son âge d'or. Ce serait ainsi le renversement de tout ordre social et moral, la négation de toute règle obligatoire, la suppression de toute distinction entre le licite et l'illicite, et, par conséquent, le règne de la liberté du crime et de son impunité.

En face d'une utopie aussi dangereuse et aussi irréalisable il appartient à la sagesse gouvernementale de prévoir et prévenir les maux qu'entraînerait, je ne dirai pas la possibilité, mais seulement la tentative d'une impossible réalisation. C'est à la sagesse gouvernementale à ne pas laisser l'humanité déserter la voie graduelle et pacifique du progrès social pour se jeter dans celle du cahos.

Quant à moi, dont la persévérante conviction ne fait pas remonter l'origine de l'état social à un contrat, comme l'a cru Rousseau, mais à la loi même de sociabilité qui est pour l'homme la loi de sa nature (1), et qui lui impose par conséquent ses devoirs envers ses semblables, la répression est nécessaire pour donner une garantie sinon absolue, au moins relative, au respect de ces devoirs. La justice sociale est donc tenue d'en réprimer les infractions, et après avoir, dans les trois premiers titres de ce mémoire, signalé les causes de l'inefficacité de la répression résultant de son état anormal, je dois consacrer le quatrième titre à la recherche des moyens d'y remédier.

(1) Du système pénal et répressif en général et de la peine de mort en particulier 1827.
Introduction par Faustin Hélie au traité du Droit pénal de Rossi. Son appréciation de la doctrine du *système pénal et répressif*.

TITRE IV

DES MOYENS DE REMÉDIER A L'ÉTAT ANORMAL EN FRANCE DE
LA RÉPRESSION EN MATIÈRE DE CRIMES CAPITAUX.

J'ai dû, dans les trois premiers titres de ce mémoire,
signaler le mal avant de rechercher et proposer les moyens
d'y remédier. La proposition de ces moyens sera l'objet des
paragraphes suivants dont se compose ce titre IV.

§ Ier

*Promulgation d'un nouveau code pénal comme moyen
principal et urgent de remédier à l'état anormal de la
répression.*

Les deux époques du code pénal, l'une antérieure, l'autre postérieure à la
révision de 1832. — Le code pénal révisé n'est plus aujourd'hui qu'un
cahos de dispositions sans concordance et sans homogénéité. — Compétence juridique de la justice répressive. — Importance de trois points
de vue pour son exercice. — Maintien en principe de l'admission des
circonstances atténuantes. — Urgence de l'élaboration d'un nouveau
code pénal. — Imprévoyance doublement regrettable à cet égard.

Le premier des moyens appelés à remédier à l'état
anormal en France de la répression en matière de crimes
capitaux est assurément le remplacement du code pénal
de 1810 par un code nouveau, s'inspirant, comme il a été
dit précédemment, des principes de la réforme répressive
et pénitentiaire.

Dès 1831, la nécessité d'élaborer un nouveau code pénal
avait été reconnue, et l'on avait même commencé à se
mettre à l'œuvre. Mais on voulait avant tout purger le code
pénal de 1810 de la marque, du carcan et de la mutilation
du parricide. La prudence conseillait de plus, en raison du

temps qu'exigerait le travail d'élaboration, de considérer ce code comme un édifice en ruines qu'il fallait étayer sans retard. De là la loi de révision du 28 avril 1832. Elle ne fut pas une renonciation à la promulgation d'un nouveau code, mais une facilité qu'on voulait donner à la maturité de son élaboration. Malheureusement, au lieu de ce seul procédé normal qu'il y eut à suivre, on continua le système des étais, et il n'est plus possible d'y persévérer aujourd'hui, car il n'y a plus rien à étayer du code même révisé de 1810 qui n'est plus debout.

Il y a dans l'existence du code pénal de 1810 deux époques distinctes à considérer, l'une depuis sa promulgation jusqu'à la révision de 1832, et l'autre depuis cette révision jusqu'à ce jour. A la première époque, ce code, au moment où il fut promulgué, était loin de réaliser le progrès de civilisation qui avait valu au code civil sa grande renommée. Ce code était cruel et, en plusieurs parties, rétrograde, mais au moins il était logique et méthodique. Il remplissait à son point de vue les quatre conditions de l'exemplarité, de la certitude de l'exécution, de l'intimidation et de la graduation :

L'exemplarité, par la publicité des exécutions capitales ;

La certitude de l'exécution, par le nombre des exécuteurs de un par département, et à son début par l'exécution de la peine capitale qui était la règle et qui est aujourd'hui l'exception ;

L'intimidation et la graduation par l'ensemble et la concordance du système dont la peine de mort est la clef de voûte et qui avait pour complément de l'échafaud, la mutilation du parricide, le carcan et la marque.

La révision de 1832 fut conçue dans un but d'humanité qui était fort louable, mais qui ne pouvait se réaliser qu'au détriment de l'homogénéité de ce code, parce qu'en raison de la cohésion de ses diverses parties, on ne pouvait, on ne devait que le remplacer. Aussi que reste-t-

Il de ce code révisé en 1822 et de toutes ces lois successivement superposées à la rédaction de ce code qui ne pouvait se les assimiler ! Ce qui reste, c'est le cahos des dispositions incohérentes, sans concordance entre elles, sans homogénéité par suite des replâtrages successifs, et notamment celui de la loi de 1854 sur la transportation, loi qui a détruit la graduation de son échelle pénale, en aggravant l'inefficacité de l'intimidation dont la peine de mort était déjà dépourvue par la progression des commutations.

Il n'y a pas à gémir assurément sur ce que le code pénal de 1810 soit tombé en ruine, mais ce qu'il y a à regretter, c'est que, depuis le code pénal revisé, la répression en matière de crimes capitaux soit aujourd'hui dans un état tellement anormal que des quatre conditions qui constituent son efficacité, certitude d'exécution, exemplarité, intimidation et graduation pénale, ce code révisé ne peut plus en réaliser aucune. Ce qui est enfin profondément regrettable, c'est que, tandis que parmi les divers États de l'Europe où le code de 1810 s'était introduit, la Belgique, la Prusse, la Hollande l'ont remplacé par de nouveaux codes perfectionnés, on ne se préoccupe même pas en France de l'élaboration du système nouveau de codification que réclament les besoins moraux de notre époque. Il y a là pour la France une fâcheuse situation qui compromet au dedans la garantie de l'ordre social, et au dehors l'honneur de sa civilisation (1).

(1) Dans ces derniers temps, le mouvement de la codification pénale en Europe a pris une remarquable extension, ainsi qu'on peut en juger notamment par les citations suivantes :

En Suisse, en 1873, le code pénal du Tessin.

En Allemagne, le 27 janvier 1877, code de l'organisation judiciaire ; e 1er février 1877, code de procédure pénale.

En Hongrie, code pénal du 27 mai 1878 ; En 1879, code pénal de l'empire allemand ; Pays-Bas, code pénal du 3 mars 1881.

Il faut ajouter le nouveau code pénal de Grèce, et le nouveau projet

Dans l'élaboration d'un nouveau code pénal, il ne faut du reste, ni méconnaître ni exagérer à l'égard de la justice répressive la compétence et la responsabilité de son exercice. La responsabilité du système juridiquement répressif ne saurait être illimitée. Cette responsabilité est incontestable lorsque, comme dans la loi de 1854, il y a état anormal de la répression qui se place en dehors des principes élémentaires constituant son efficacité. Mais le maintien de l'ordre social ne dépend pas de la justice répressive exclusivement. La justice répressive a sans doute une influence considérable puisqu'elle est, dans les mains du pouvoir social, la force collective de tous, légitimement et légalement organisée pour la défense et le respect des droits de chacun. Toutefois, chez les peuples civilisés, ce ne sont pas seulement les institutions de répression, mais les institutions de bienfaisance et les institutions de prévoyance qui, ainsi que je l'ai dit en 1827 dans mon *Système pénal et répressif* et si souvent répété depuis, constituent dans leur ensemble et leur concours simultané l'économie sociale. Or si les institutions de répression ne pèchent pas juridiquement par leur organisation, mais sont paralysées par le défaut de concours et par l'action même anarchique des institutions de bienfaisance et de prévoyance, alors on ne peut faire peser sur le système répressif une responsabilité qui ne lui incombe pas. Il y a donc là une première cause d'atténuation et qui peut aller même jusqu'à l'exonération de la responsabilité pour la justice répressive.

de code pénal présenté à la Chambre des députés d'Italie, le 28 novembre 1888.

Le texte de la plupart de ces codes a été inséré dans la *Rivista pénale* qui se publie à Florence sous l'habile direction de M. le professeur Lucchini.

C'est la Belgique qui a donné, par son code pénal de 1867, l'impulsion en Europe à la révision et au perfectionnement de la législation criminelle.

Cette cause d'atténuation ou d'exonération même de responsabilité peut encore se produire dans une autre hypothèse. La justice répressive doit suivre dans sa marche celle de la civilisation, et lorsqu'elle réagit contre son développement progressif au lieu de le seconder, elle encourt avec raison une sévère réprobation. Mais la civilisation, dont rien ne saurait supprimer le mouvement graduel, est accidentellement soumise à des bouleversements dans son cours provenant, soit de l'ordre physique, tels que les tremblements de terre, les inondations, les disettes, les épidémies, soit de l'ordre moral et politique, telles que les calamités des guerres civiles et étrangères, les éruptions des volcans révolutionnaires. Ce n'est pas dans la compétence juridique du système répressif que le maintien de l'ordre social doit uniquement trouver la garantie de sa sécurité, et si par impossible une nouvelle jacquerie était à prévoir, ce ne serait pas d'un texte du code répressif que l'ordre social devrait attendre sa force défensive.

Le code de la justice répressive doit donc se renfermer dans la limite de la compétence et de la responsabilité juridiques. Il n'est pas fait pour les cas où l'ouragan révolutionnaire bouleverse toutes les institutions sociales. Il doit être un code de réformes civilisatrices et appartenant par conséquent au temps calme où la civilisation obéit graduellement à son mouvement normal, avec la maturité qui est pour les réformes progressives la garantie de leur perfectionnement et de leur stabilité.

A une époque appelée à réaliser la réforme répressive et pénitentiaire, le législateur doit se préoccuper dans son œuvre de codification de trois points de vue essentiels :

Le premier, c'est de proportionner la sévérité de la peine à la gravité de l'acte ;

Le second, c'est de ne pas méconnaître que le juge ne sera pas seulement placé en face de l'acte et de la peine, mais encore de l'agent dont il est appelé à apprécier l'in-

7.

tentionnalité dans la condamnation qu'il doit prononcer,
et qu'il faut ainsi laisser la latitude nécessaire à son appréciation ;

Le troisième enfin c'est qu'il ne faut pas omettre les
prescriptions relatives à l'obligation pour l'administration
de la justice criminelle, de constater par ses comptes
rendus statistiques et autres, l'effet des peines édictées par
le législateur et des condamnations prononcées par le juge,
car cette obligation est motivée par le double but de seconder le perfectionnement graduel de la réforme répressive et pénitentiaire et d'éclairer les souverains et chefs
d'État sur l'exercice et la responsabilité du droit de grâce
et de commutation dont la haute et importante prérogative
leur est confiée.

C'est ici le moment de déclarer, ainsi du reste qu'on doit
le pressentir, que si j'ai critiqué en fait la modification
qu'a reçue en 1832 l'article 463 du code pénal par l'extension de l'admission des circonstances atténuantes en matière
criminelle, je n'en suis pas moins resté en principe le ferme
et persévérant partisan de cette importante extension que
je m'honore d'avoir provoquée dès 1827 dans mon système
pénal.

Les institutions qui viennent de l'homme ne portent pas
seulement dans leur fondation l'empreinte de l'imperfection
de sa nature, mais encore et surtout dans leur fonctionnement. C'est sous ce dernier rapport qu'a péché à la fois
en matière correctionnelle et criminelle l'admission des
circonstances atténuantes, et les fautes du passé et même
du présent ne sauraient compromettre en principe l'avenir
de cette réforme civilisatrice, d'autant plus qu'il ne faut
pas méconnaître qu'en matière criminelle la justice répressive s'est effrayée de l'application d'une peine dont
l'irréparabilité ne pouvait appartenir à sa justice faillible.

Loin de modifier ma conviction sur la nécessité de laisser
au juge l'admission des circonstances atténuantes jusqu'à

la facilité de descendre d'un degré, c'est-à-dire de la peine supérieure à la peine inférieure, je reproduirai avec persévérance l'opinion émise dans mon *Système pénal et répressif* en 1827 sur la convenance d'appeler également le juge à apprécier les circonstances aggravantes et à remonter, par conséquent d'un degré à un autre, c'est-à-dire de la peine inférieure à la peine supérieure, pourvu toutefois que cette peine supérieure ne fût que privative de la liberté.

Le besoin d'un nouveau code pénal qui était le plus impérieux est celui auquel on a malheureusement le moins songé. Cette imprévoyance est doublement regrettable puisque ce moyen doit avoir le plus d'efficacité, mais entraîner le plus de retard par la longueur des discussions législatives qui doivent précéder la promulgation d'un code nouveau. Il est donc urgent de se mettre à l'œuvre pour replacer en France la justice répressive dans les conditions normales de son exercice.

§ II

Le confinement solitaire comme moyen de remédier à l'état anormal de la répression en matière de crimes capitaux.

Motifs et dispositions relatives à l'application du confinement ou de la réclusion solitaire. — Le régime cellulaire et le confinement solitaire. — La polémique à l'occasion de la théorie de l'emprisonnement préventif, répressif et pénitentiaire publiée en 1836. — Le projet de loi de 1844 et la loi du 5 juin 1875 sur le régime cellulaire. — Les objections relatives au confinement solitaire et à son emploi à perpétuité. — Réponse à ces objections. — Le confinement solitaire n'a pas l'inscription de l'enfer du Dante (1).

Il est bien évident que par la suppression immédiate de la peine de mort disparaîtrait avec elle l'état anormal

_____
(1) Voir les § II et V du titre III.

résultant de la progression des commutations de cette peine ; il est bien évident encore que par la suppression immédiate de la peine de la transportation, appelée par la loi de 1854 à remplacer la peine de mort dans les cas de commutation, disparaîtrait avec elle la perturbation qu'a jetée dans la graduation pénale la promulgation de cette loi. Mais ce n'est pas ce procédé que j'ai voulu conseiller.

Je n'avais pas oublié les conditions préalables à l'abolition de la peine de mort que j'avais moi-même toujours recommandées et du moment où elles n'avaient pas encore été remplies, mon devoir était de persévérer à consacrer mes efforts et mes travaux à en seconder et hâter l'accomplissement. Je n'avais pas oublié les sacrifices considérables qu'avaient déjà coûté les établissements de la transportation dans la Nouvelle - Calédonie ; mais limitée aux condamnés en matière de crimes capitaux, la suppression de la transportation n'enlevait pas le temps nécessaire à la liquidation de cette onéreuse situation.

J'ai agi dans la conviction qu'arriverait inévitablement le jour peu reculé où, d'une part, la France, qui a déjà aboli de droit la peine de mort en matière politique, et pour ainsi dire aboli de fait à l'égard des femmes en matière de droit commun, en étendrait aux hommes l'abolition et, d'autre part, qu'après s'être témérairement engagée dans la voie de la transportation, elle subirait, comme l'Angleterre, la nécessité d'en sortir. Telle doit être selon moi l'influence décisive de la civilisation.

C'est dans cet ordre d'idées, et en raison d'ailleurs du temps prolongé qu'exigeront les débats législatifs d'un nouveau code pénal, que j'ai indiqué au § 2 du titre III de ce mémoire la nécessité de demander à une nouvelle peine appelée à remplacer la peine de mort dans les cas de commutation, l'intimidation que la peine de mort n'a plus, et que la transportation ne peut avoir, et c'est le confinement solitaire que j'ai désigné pour cette nouvelle peine.

Je crois devoir, par les motifs longuement développés dans ce mémoire, renouveler en termes plus précis et plus complets le vœu personnel exprimé dans mon rapport verbal à l'Académie de mai 1877 :

1° Que les parricides, les assassins, les empoisonneurs, les incendiaires de maisons habitées, condamnés à mort comme déclarés coupables sans circonstances atténuantes dont les pourvois en commutation auraient été admis, eussent à subir, à Belle-Ile-en-Mer, la peine du confinement solitaire à perpétuité ;

2° Qu'en raison des cas fréquents d'admission de circonstances atténuantes provenant de la répugnance qu'inspire une condamnation à mort, la peine du confinement solitaire puisse être appliquée à perpétuité ou à temps, jusqu'à l'époque de l'abolition de droit de la peine capitale, aux parricides, aux assassins, aux empoisonneurs ou aux incendiaires de maisons habitées déclarés coupables avec circonstances atténuantes ;

3° Que des constructions soient élevées d'urgence à Belle-Ile-en-Mer, ou en d'autres lieux convenables dans ce but, pour l'exécution de cette peine du confinement ou de la réclusion solitaire, consistant dans la privation de la liberté à perpétuité ou à temps ; dans l'isolement, sans l'interdiction du travail manuel et intellectuel, avec l'exclusion de toutes visites autres que celles du directeur, du médecin, de l'aumônier et du gardien de service, dans la limite réglementaire ;

4° Enfin, qu'en attendant l'achèvement des constructions pour l'exécution de cette peine à Belle-Ile-en-Mer ou autres lieux, les condamnés auxquels elle est applicable par les dispositions précédentes, soient détenus dans une maison centrale spécialement affectée à cette destination, et pourvue d'un quartier cellulaire.

La désignation de la peine du confinement solitaire en matière de crimes capitaux, qui remonte à mon *Système pénal et répressif en 1827* (1), était bien antérieure à la vivacité de la polémique que souleva en 1838, à l'occasion du régime cellulaire, la publication de la théorie de l'emprisonnement préventif, répressif et pénitentiaire qui rencontra à cette époque tant de contradicteurs, et compte aujourd'hui d'aussi nombreux adhérents. C'est à tort que bien des personnes, qui ne sont pas, comme les spécialistes, initiées à la large place qu'occupe le régime cellulaire dans ma théorie de l'emprisonnement, m'en croient l'adversaire absolu. La doctrine dont j'ai été l'énergique et persévérant adversaire, c'est celle qui considérait le régime cellulaire comme une panacée universelle applicable aux condamnés de tout âge, de tout sexe, à tous les degrés de la pénalité, dans tous les établissements de détention. Je ne rappellerai pas les discussions fréquemment engagées devant l'Académie avec l'éminent représentant de cette doctrine, M. de Tocqueville, qui avait réussi à la faire triompher à la Chambre des députés dans un projet de loi dont il était le rapporteur. Mais ce vote isolé d'une seule Chambre ne devait être qu'un stérile succès. Au lieu d'étendre le régime cellulaire à toutes les catégories de détenus, la loi du 5 juin 1875 en a limité l'application aux prisons départementales qui renferment les détenus avant jugement, et aux délinquants dont l'emprisonnement n'excède pas un an.

Quant aux condamnés pour crimes capitaux, le projet de

---

(1) Dans son rapport à la Chambre des députés de 1880, au nom de la Commission chargée de l'examen de la proposition d'abolition de la peine de mort, par M. Victor de Tracy, M. Berenger, qui a laissé dans cette Académie un nom vénéré, disait en parlant de la peine du confinement solitaire proposée en 1827 par mon *Système pénal*, en remplacement de l'échafaud : « Le confinement solitaire est un supplice inconnu « parmi nous, mais dont l'effet moral est puissant. Il faut donc l'intro- « duire avant de désarmer la société. »

loi de M. de Tocqueville de 1844, relatif aux condamnés
sous le régime de la privation de la liberté, n'avait pas à
s'occuper de ceux que leurs crimes capitaux plaçaient sous
le régime de la privation de la vie, et qui font au contraire
le principal objet de ce mémoire.

Par suite de ma persévérante conviction abolitionniste,
je désirerais naturellement que le nouveau code pénal dont
je demande l'urgente élaboration n'admît pas la coexistence
des deux régimes de la privation de la vie et de celle de la
liberté, et ne soit appelé à régir que le second. J'ai donc à
souhaiter et à prévoir le cas où le législateur, dans le code
nouveau, devra étendre aux crimes capitaux la compétence
de la théorie de l'emprisonnement, et par conséquent l'application de la peine du confinement solitaire.

Or, je dois ici aller au-devant d'une objection, celle de
l'inconséquence qu'il peut y avoir de ma part à proposer le
confinement solitaire pour les condamnés en matière de
crimes capitaux, puisque si l'on ne peut me déclarer l'adversaire du système cellulaire en général, je le suis au
moins pour ce qui regarde les condamnés à long terme en
particulier. J'affirme la persévérance de ma conviction à
cet égard, fondée sur beaucoup de raisons que je n'ai pas ici
à énumérer.

Je ne crois pas qu'à l'occasion de la peine du confinement
solitaire dont je propose l'application aux condamnés pour
homicide prémédité, on puisse me taxer d'inconséquence en
rappelant mes objections contre la durée prolongée du régime
cellulaire. Si l'on me rappelle ce que j'ai dit de la loi de
sociabilité qui est pour l'homme la loi de sa nature, je
répondrai qu'il s'agit ici d'une situation exceptionnelle, je
laisse à l'assassin son existence humaine parce que, ainsi
qu'on le sait, je ne crois pas au droit de le tuer hors du cas
de légitime défense, mais je lui ôte la vie sociale parce qu'il
s'est mis par son crime hors de la loi de sociabilité. Si l'on
me rappelle qu'avec le régime cellulaire on ne peut faire

selon moi que de l'intimidation et non de l'amendement, je
dirai que l'amendement que se propose le régime répressif
et pénitentiaire étant celui destiné à prévenir la récidive,
il n'y a plus d'obligation de s'en occuper lorsqu'il s'agit
d'une captivité dont la perpétuité a pour but de mettre le
coupable hors d'état de nuire par sa récidive. Si l'on me
rappelle l'influence préjudiciable que le régime cellulaire
peut exercer selon moi sur l'état mental par sa prolongation, je répondrai que c'est là sans doute l'une des graves
raisons qui ne permettent pas de l'étendre aux condamnés à
long terme. Mais en ce qui concerne l'assassin, c'est une
situation exceptionnelle. La justice sociale doit le mettre
hors d'état de nuire, et elle ne le peut que par la captivité
perpétuelle en substituant la privation de la liberté à celle
de la vie. La perturbation mentale à laquelle il s'est exposé
lui-même, n'est pas d'ailleurs un fait certain mais seulement éventuel, et la justice en épargnant à son crime le
supplice de l'échafaud a droit au moins de lui laisser celui
du remords.

Si l'on me rappelle l'influence préjudiciable, sur l'état
physique, de la prolongation du régime cellulaire, je dirai
que l'assassin ne saurait assurément attendre du confinement solitaire la durée de la vie qui pouvait être réservée
à sa moralité. Mais si la justice sociale s'interdit dans son
exercice de recourir à l'inhumanité, elle n'est pas tenue du
moins de sacrifier l'efficacité de sa répression à la prolongation de la vie de l'assassin au-delà du terme qu'il a
marqué lui-même par le châtiment qu'il subit.

Quelques codes ou projet de code pénaux, en adoptant
la peine d'un confinement cellulaire pour le coupable d'homicide prémédité, n'ont pas voulu toutefois en prononcer
l'application à perpétuité, et ils admettent le coupable d'assassinat à passer de la vie cellulaire à la vie en commun de la prison au bout d'un an en Suède, de 5 ans
en Hollande, de 10 ans en Belgique et dans le projet de

code pénal italien. Je ne puis adhérer à ce système (1).

C'est dans la préface relative à la réimpression de mon *système pénal et représsif* que j'aurai à rappeler les objections relatives à l'illégitimité de la peine de mort et notamment celle de l'irréparabilité qui ne peut appartenir à une justice faillible. Mais sous le rapport préventif de la récidive dont je me préoccupe ici, il est incontestable qu'il n'y a pas de peine dont l'efficacité soit équivalente à celle de la peine de mort. La privation de la vie à laquelle ma théorie substitue celle de la liberté donne à la justice répressive la certitude absolue de mettre l'homicide hors d'état de nuire, ainsi qu'elle en a le droit et le devoir; la privation de la liberté, quelque confiance que doive inspirer l'efficacité de sa perpétuité, ne peut donner qu'une certitude relative, et quand il y a déjà la différence du relatif à l'absolu, il ne faut pas affaiblir et même supprimer ce relatif. Le législateur ne peut ainsi se dispenser d'édicter en remplacement de la privation de la vie, celle de la liberté à perpétuité. Je dirai que de plus encore il doit ajouter à la perpétuité de la captivité le régime de l'isolement.

Quand on abolit une peine telle que la peine de mort, et que le coupable qu'elle mettait hors d'état de nuire, est un assassin, il faut apprécier la portée et la responsabilité du

(1) Je reproduirai à cet égard ce que je disais à la séance du 12 mars 1881, dans mon rapport verbal sur le nouveau Code pénal des Pays-Bas :

« Il y a deux vies à considérer dans le coupable d'assassinat ; l'une « est la vie humaine, l'autre est la vie sociale, puisque la sociabilité est « pour l'homme la loi de sa nature. En laissant la première à l'assassin, « le Code pénal des Pays-Bas, par la perpétuité de l'emprisonnement, ne » le met, par la suppression de la seconde, hors d'état de nuire qu'à l'é- « gard de la société libre ; mais il ne prévient pas à la prison le péril « de la récidive, puisqu'il y place l'assassin sous le régime de la com- « munauté. »

devoir de prévenir la récidive d'un pareil crime. Or c'est manquer à ce devoir que de mettre cet assassin dans la captivité sous le régime de la vie en commun. Il y a à la prison, outre la population des détenus, le personnel des gardiens, des contre-maîtres, des préposés aux divers services et enfin le personnel administratif, et les crimes ou tentatives d'assassinat ne sont pas si rares dans les prisons pour qu'on n'y mette pas les assassins hors d'état de récidiver. Le législateur ne peut donc selon moi se dispenser d'édicter la peine du confinement solitaire à perpétuité contre le coupable d'homicide prémédité. Il ne s'ensuit pas que je veuille inscrire sur la porte de la cellule de l'assassin, comme sur celle de l'enfer du Dante : « Laissez l'espérance « vous qui entrez ici, » puisque chez tous les peuples civilisés, les diverses constitutions qui les régissent, laissent aux chefs et souverains de ces États le droit de commutation dont il importe du reste de réglementer l'exercice et de soulager la responsabilité personnelle, mais qu'il est utile de conserver dans l'administration de la justice criminelle.

Pendant les trente-cinq années que j'ai été inspecteur général et président du conseil des inspecteurs généraux des prisons et établissements pénitentiaires, l'expérience m'a appris combien, à tous les degrés de la criminalité, il y avait de triage à faire dans les moralités, et je n'ignore pas que les auteurs mêmes d'homicide prémédité placés au sommet de l'échelle pénale, sont les coupables les plus dangereux sans être toujours les plus vicieux.

Au résumé, à tous les points de vue se manifestent l'urgence et la nécessité de la peine désignée dans le §II du titre III de ce mémoire et dans le présent paragraphe, sous le nom du *confinement ou de reclusion solitaire.* Cette nécessité est surabondamment démontrée par l'ensemble de ce mémoire pour remédier présentement à l'état anormal de la répression, provenant de la progression croissante des commutations de la peine de mort, et de la dangereuse inefficacité de la transportation appelée à remplacer la peine de mort dans ces cas de commutation.

Il est impossible que le code pénal nouveau maintienne la coexistence anormale de la peine de mort et de celle de la transportation ; s'il n'abolit pas immédiatement ces deux peines, il est inévitable qu'en matière de crimes capitaux, il supprime au moins d'urgence la seconde pour recourir au confinement solitaire dans les cas de commutation de la peine capitale. Il importe donc de décréter et organiser promptement la peine du confinement solitaire qui doit être également et favorablement acceptée par les partisans et par les adversaires du maintien de la peine capitale. Elle supprime pour les premiers les graves inconvénients et la dangereuse inefficacité de la transportation dans les cas de commutation où cette peine de la transportation est actuellement appelée à remplacer la peine de mort. Quant aux seconds, elle leur procure une peine d'une efficacité au moins équivalente à celle de la peine de mort. Ma vieille expérience acquise par une observation pratique si prolongée des condamnés en matière de crimes capitaux m'autoriserait même à dire d'une efficacité supérieure.

Beaucoup sans doute répondront à cette déclaration par le sourire de l'incrédulité que je conçois quand on n'a pas vécu comme moi dans l'expérimentation du même laboratoire ; quand on n'y a pas appris que le malfaiteur, au moment où il commet son crime, ne songe qu'à l'espérance exagérée de l'impunité ; et que du reste les grands criminels ne redoutent rien autant que la solitude dont l'influence prolongée conduit inévitablement au supplice du remords qui devient pire que celui de la mort, puisqu'il faut soigneusement veiller aux tentatives du coupable de s'y soustraire par le suicide. C'est pour cela que dans le confinement solitaire, il ne faut pas, comme le Dante, fermer la porte à l'espérance.

§ III

Le positivisme de la question de la peine de mort: Nouvel horizon des chiffres et des faits au double point de vue du témoignage officiel de la statistique et de l'état anormal de la répression.

Point de vue de la peine de mort sous le rapport de l'état anormal de la répression exclusivement et non sous celui de la doctrine. — Décision sur son maintien réservée au législateur d'un nouveau code pénal. — Probabilité de son abolition. — Impression des masses. — Indécision dans le pays, dans le gouvernement et dans le Parlement. — Témoignage décisif du compte rendu de la statistique de la justice criminelle et de l'état anormal de la répression.— Horizon nouveau des faits et des chiffres qui constituent le positivisme de la question de la peine de mort.

Dans ce mémoire consacré à l'état anormal de la répression en matière de crimes capitaux, et aux moyens d'y remédier, la question de la peine de mort a nécessairement trouvé place, mais nullement, ainsi que je l'ai déjà dit dans l'exposé préliminaire, au point de vue de la doctrine, c'est-à-dire de l'origine du droit de punir et des considérations qui se rattachent à l'examen philosophique de la légitimité de cette peine. C'est au nouveau code pénal dont j'ai démontré la nécessité qu'appartiendra la décision du maintien ou de la suppression de l'échafaud. L'objet de ce mémoire n'a pas été de demander l'abolition immédiate de la peine de mort, mais de prévoir la probabilité de son abolition prochaine que j'appelle de tous mes vœux. On a vu, en effet, qu'en France cette peine est abolie de droit en matière politique, et qu'en matière de droit commun son abolition de fait à l'égard des femmes est un résultat presque accompli ; qu'enfin elle ne peut guère tarder à se réaliser à l'égard des hommes par suite de la progression si accentuée des commutations.

Ces faits sont loin de confirmer ce qu'on imprime souvent à l'étranger que la France est après l'Angleterre le pays le plus opposé en Europe à l'abolition de la peine de mort. Où donc prétend-on que s'accentue en France cette opposition ? Est-ce dans les masses ? Je ne saurais méconnaître que les masses populaires ne sont pas assez éclairées en France pour sentir le besoin de cette réforme. Elles veulent le maintien de la peine de mort parcequ'elles ne conçoivent encore que la justice du talion, meurtre pour meurtre. Elles en veulent l'exécution parce que ce n'est pas dans le compte rendu de l'administration de la Justice criminelle qu'elles puisent leurs impressions. Le temps n'est pas éloigné où les masses populaires lisaient peu en France, par le motif que l'enseignement élémentaire y était peu avancé; mais depuis qu'il a sensiblement progressé, elles se sont montrées avides de lectures et surtout de celles qui tiennent aux impressions du mouvement de la criminalité. Ce que voulaient les masses populaires, c'était une presse à sensation et à bon marché qui les intéressât par le récit journalier des crimes et des délits et des émotions qui s'y rattachent. Cette presse qui s'est fondée, a pris une immense extension, et les masses populaires qui ne savaient, il y a quelques années, qu'exceptionnellement les incidents du mouvement de la criminalité, ont des *reporters* qui ne leur laissent ignorer aujourd'hui aucun des crimes que constatent leurs investigations journalières.

On conçoit que dans une pareille situation, les masses populaires soient frappées, émues, alarmées même de ce mouvement de la criminalité qu'elles ignoraient précédemment, et qui vient tout à coup se révéler à elles sous des couleurs qui ne sont pas adoucies, afin de ne pas en affaiblir la sensation. Les masses populaires ne vivent que de leurs impressions. Or il n'en est pas des impressions, comme des raisonnements, elles ne se réfutent pas ; elles s'effacent seulement par des impressions différentes avec l'aide du temps. Il faut laisser à l'empire des lois comme à celui des faits le temps de réagir contre les erreurs populaires et d'obtenir l'influence que ces lois sont appelées à exercer sur les mœurs dans l'intérêt du progrès humanitaire. La voix du peuple n'est pas toujours la voix de Dieu. Il crie aujourd'hui *hosanna !* et demain, *crucifie-le !* (1) Le peuple n'a pas la science infuse : dans l'ordre intellectuel, philosophique et moral, sa compétence est inadmissible. Il ne faut pas lui poser des questions qui exigent l'érudition historique, l'étude méditative et l'observation pratique, car le peuple ne s'inspire que de l'impression et trop souvent même de la passion du moment. Les réformes civilisatrices ne peuvent se réaliser que par la portion la plus éclairée du pays. Or dans le pays, le jury, qui en est un organe légal, prouve par la progression des commutations qu'il n'a pas assurément une opinion accentuée pour le maintien de la peine de mort. Si du pays on passe au gouvernement, ce n'est pas assurément le chef du pouvoir exécutif qui incline pour l'application de la peine de mort. Quant au Parlement, on ne peut dire que l'opinion législative soit résolument opposée à l'abolition de la peine de mort, lorsque deux motions abolitionnistes ont été prises en considération à une grande majorité par la Chambre des députés. L'une est celle, en 1870, de M. Jules Simon qui a attaché à cette réforme l'autorité de son nom et l'élévation de son talent ; l'autre est celle votée onze années plus tard, le 12 février 1881, sur la proposition de M. Louis Blanc que, dans son discours, on n'entendit pas sans surprise rappeler avec l'accent de l'adhésion ces mémorables paroles de Cavour : « Qu'il n'était pas probable que parmi les grandes « puissances, la France prît l'initiative de l'abolition de la

(1) Rapport à l'Académie du 31 mai 1879 sur la question de la peine de mort en Suisse.

« peine de mort, parce qu'il était plus difficile en France de
« faire une réforme qu'une révolution. »

La véritable situation en France de la partie éclairée du
pays, du pouvoir exécutif et du pouvoir législatif à l'égard
de la question de la peine de mort est celle de l'indécision.
On évite d'avoir à se prononcer, on ne veut accepter ni la
responsabilité de la certitude de son exécution, ni celle de
son abolition. Le moyen de sortir de cette irrésolution est
de consulter davantage le témoignage de la statistique criminelle. C'est ce témoignage que j'ai voulu produire parce
qu'il m'a paru qu'il était décisif et que c'était le meilleur
procédé pour éclairer l'opinion et les pouvoirs publics.

J'ajouterai que j'ai voulu dans ce mémoire mettre en
lumière un point de vue qu'on avait trop laissé dans
l'ombre, celui de l'état anormal de la répression en matière
de crimes capitaux. On peut maintenant apprécier d'une
manière positive la gravité de cet état anormal de la répression et l'urgence d'en sortir sous peine des funestes
conséquences qui en résulteraient pour la sécurité publique
et privée. Il y a là tout un horizon nouveau de faits et de
chiffres positifs qui caractérisent et justifient le titre de ce
paragraphe.

J'ai déjà expliqué au § 4 du titre III que les tableaux statistiques, soit insérés à la suite de ce mémoire, soit intercalés dans le texte, sont propres à sa rédaction, que les
nombres y sont des nombres réels et non des nombres
moyens et que parmi les chiffres dont se composent ces
tableaux, soit pour la France, soit pour les pays étrangers,
tous puisés aux sources officielles, plusieurs étaient inédits.
Je dois ici exprimer mes sentiments reconnaissants pour le
gracieux empressement avec lequel les ministères de la
justice en France et à l'étranger ont bien voulu me donner
les renseignements dont je leur avais demandé la bienveillante communication.

En face de ce positivisme de la question de la peine de

mort, il me semble que le législateur d'un code pénal nouveau reconnaîtra que l'impérieux besoin en France de l'état anormal de la répression n'est pas la prolongation du maintien de la peine de mort, mais son remplacement par une pénalité nouvelle. Les institutions humaines ne peuvent aspirer à la perfection et à l'éternité ; elles s'usent sous l'action du temps par l'adoucissement des mœurs et le progrès de la raison publique et elles perdent ainsi leur efficacité et leur durée. Quand une fois elles ont fait leur temps, il ne faut pas en prolonger l'imprudent anachronisme.

Je ne crois pas avoir besoin de dire que la reclusion solitaire appelée à remplacer la peine de mort ne peut être considérée comme la prolongation à perpétuité du régime cellulaire, car la reclusion solitaire est, ainsi que je l'ai déclaré, la privation de la vie sociale, tandis que le régime cellulaire n'est que la séparation de détenu à détenu.

CONCLUSION DU MÉMOIRE

Dans les trois premiers titres de ce mémoire, j'ai successivement constaté l'état anormal en France de la répression en matière de crimes capitaux sous le rapport de l'exemplarité, de la certitude de l'exécution, de l'intimidation et de la graduation, ces quatre conditions essentielles que réclame l'efficacité des peines. Le quatrième titre a été consacré aux moyens de remédier à cet état anormal de la répression. Un résumé de l'ensemble de ce mémoire serait inutile du moment où tous les paragraphes dont se compose chacun de ces titres, ont été l'objet d'un résumé analytique. Mais le quatrième titre relatif aux moyens de remédier à cet état anormal de la répression réclame une conclusion que quelques observations préliminaires doivent précéder et motiver. Il a été démontré par le témoignage des chiffres et des faits que le code pénal de 1810 qui, dès son origine, réagissait contre le progrès de la civilisation, a été remplacé par des codes perfectionnés dans les divers États de l'Europe où il s'était introduit, tandis qu'on ne se préoccupe même pas de son remplacement en France, quoiqu'il y soit si dépourvu, comme il a été successivement démontré, des quatre conditions essentielles de la répression.

On a vu que l'urgente élaboration d'un code pénal nouveau s'imposait à l'imprévoyance du législateur trop longtemps prolongée, au grand détriment de l'ordre social et de la sécurité publique et privée.

On a vu encore que dans la pensée de ce mémoire, le législateur était appelé à s'inspirer de la doctrine de l'ère nouvelle qui, dans la codification pénale des sociétés modernes, tend à substituer l'emprisonnement préventif, répressif et pénitentiaire aux peines irréparables et aux peines infamantes, qui ne peuvent appartenir à la justice sociale, les unes, parce qu'elle est une justice faillible, les autres, parce qu'elle doit être une justice fondée sur l'alliance des deux principes de l'intimidation et de l'amendement.

On a vu enfin que si un code nouveau ne réalisait pas l'abolition de la peine de mort, dont le *desideratum* était motivé par la progression des commutations qui avaient enlevé à cette peine l'efficacité qu'elle avait pu avoir en d'autres temps et sous d'autres mœurs, ce code nouveau devait au moins s'interdire le maintien de la coexistence de la peine de la transportation et de la peine de mort;

Qu'en effet, la peine de la transportation appelée par la loi de 1854 à réagir contre la progression des commutations de la peine capitale, au lieu de remédier au mal par l'effet de l'intimidation, dont elle était si dépourvue, n'avait fait qu'empirer la situation sous ce rapport;

Que, de plus, elle avait encore aggravé le mal, en venant bouleverser la graduation de l'échelle pénale, ainsi que l'atteste la loi de décembre 1880 relative aux crimes commis par les condamnés à la peine inférieure de la reclusion dans les maisons centrales pour obtenir la peine supérieure et préférée de la transportation.

Ce mémoire a démontré que parmi les moyens de remédier à la gravité de cet état anormal de la répression, les deux plus urgents et les plus importants étaient : l'élaboration d'un nouveau code pénal, et, en raison du temps que réclameraient les débats législatifs, l'urgente promulgation d'une peine nouvelle en remplacement de celle de la transportation pour les cas de commutation en matière de crimes capitaux où elle était appelée à remplacer la peine de mort.

La désignation de cette nouvelle peine sous le nom de

confinement ou réclusion solitaire que j'avais proposée dès 1827, a été suffisamment motivée par l'indication de sa nature, par l'adhésion de criminalistes autorisés, par une introduction dans quelques codes nouveaux, mais qui n'est pas toutefois similaire, sous le rapport de sa nature et de son application. Sous le premier rapport, je ne confonds pas en effet le confinement solitaire avec le régime cellulaire, car l'un est la privation de la vie sociale, et l'autre n'est que le régime de la séparation de détenu à détenu. Sous le second rapport, il y a cette importante différence que l'application n'en est que temporaire dans ces codes, tandis que le législateur est appelé selon moi à la prononcer à perpétuité à l'égard des coupables d'homicide prémédité pour éviter le péril de la récidive, en faisant imprudemment passer l'assassin de l'isolement à la vie en commun (1).

Enfin je rappellerai (2) le rapport de la commission chargée en 1880 de l'examen de la motion d'abolition de la peine de mort faite à la Chambre des députés par M. Victor de Tracy, rapport dans lequel M. le président Bérenger, qui a laissé un nom vénéré dans cette académie, s'exprimait ainsi : « Le confinement solitaire est un supplice inconnu « parmi nous, mais dont l'effet moral est puissant. Il faut « donc l'introduire avant de désarmer la société. »

Dans toutes les hypothèses, il est urgent de décréter la peine du confinement solitaire. Tant qu'on maintiendra en France l'échafaud, le confinement solitaire sera nécessaire dans les cas de commutation de la peine de mort pour y substituer une peine d'une sérieuse efficacité, et le jour où se réalisera l'abolition de la peine de mort, que la progression des commutations doit rendre prochain et inévitable, le confinement solitaire pourra immédiatement et efficacement la remplacer.

(1) Voir note § II, titre IV.
(2) Voir même titre, même paragraphe.

J'arrive maintenant à ma conclusion relative à l'urgence des deux moyens principaux de remédier à l'état anormal de la répression.

Le premier est la nécessité de remplacer le code pénal de 1810 par un code nouveau conforme aux besoins et aux progrès de la codification de la législation criminelle au XIXᵉ siècle.

Le second moyen est la nécessité d'une loi qui, en raison du temps exigé par l'élaboration d'un nouveau code pénal, édicterait immédiatement la peine du confinement solitaire pour les cas de commutation de la condamnation à mort prononcée contre les assassins sans circonstances atténuantes, avec faculté même de la prononcer à perpétuité ou à temps pour les commutations par suite d'admission de circonstances atténuantes. Il y aurait urgence en conséquence d'élever à Belle-Ile-en-Mer ou autres lieux, des constructions appropriées à l'application de cette peine qui serait subie provisoirement dans une maison centrale pourvue d'un quartier cellulaire et spécialement affectée à cette destination.

J'ajouterai une troisième mesure à prendre dans un intérêt surtout de préservation des mœurs du peuple que déprave la publicité des exécutions capitales, c'est la suppression de cette publicité que j'ai demandée, comme il a déjà été dit, par une pétition au Sénat de l'Empire de mars 1867, et dont j'ai renouvelé la demande par ma pétition récente du 24 octobre au Sénat actuel à l'occasion du projet de loi présenté par l'honorable M. Bardoux, sénateur.

Je m'en réfère aux développements qui justifient dans ce mémoire la nécessité de ces trois mesures.

Un vœu que j'ai longuement motivé dans un paragraphe du titre III de ce mémoire, et que je crois devoir rappeler, c'est qu'on ne vienne pas aggraver l'état anormal de la répression par une extension nouvelle de l'enceinte de Paris, dont chaque accroissement du chiffre déjà si excessif de sa population agglomérée, vient augmenter dans un rapport si disproportionné, la criminalité totalisée de la France. On ne saurait omettre de signaler aux moralistes, aux criminalistes et surtout aux hommes d'Etat l'excès de l'agglomération de la population urbaine, comme l'une des causes qui exercent la plus funeste influence en France et en Europe sur l'état anormal de la répression, en même temps que sur le mouvement de la criminalité et de la récidive.

Je dirai en terminant que je crois être autorisé par le double témoignage historique et statistique à penser en 1884 ce que je pensais dans mon ouvrage publié en 1827 :

Que la peine de mort, par suite du développement progressif de la civilisation avait fait son temps, et qu'à notre époque, il fallait changer dans le système pénal la clef de voûte et y remplacer la privation de la vie par celle de la liberté à perpétuité ou à temps, suivant les besoins de la répression ;

Qu'ainsi le xixᵉ siècle était appelé, comme je l'ai déjà dit, à inaugurer dans la codification de la législation criminelle, l'ère nouvelle de la théorie de l'emprisonnement préventif, répressif et pénitentiaire.

C'est sous l'inspiration de cette persévérante conviction que j'ai dû prendre pour épigraphe de ce mémoire la même citation que j'avais empruntée à Sénèque en 1827 : *Multi sunt qui mortem ut requiem malorum contemnunt et graviter expavescunt ad captivitatem.*

Je ne me suis pas borné dans ce mémoire à constater exclusivement l'état anormal de la répression aux quatre points de vue essentiels qui constituent l'efficacité des peines. Je n'ai pas dû négliger l'examen de plusieurs questions qui se rattachaient à mon sujet et notamment de celle de l'extension en matière criminelle de l'admission des circonstances atténuantes; de celle aussi des aspirations du jury à une sorte d'omnipotence; de celle encore de l'exercice du droit de grâce et de commutation.

Toutes ces questions ont été l'objet de récentes et assez vives controverses, particulièrement en ce qui concerne le droit de grâce et de commutation. On a souvent, et non sans raison, critiqué sévèrement l'abus que l'on a fait (1) de ce droit de commutation et de grâce. Mais l'abus n'autorisait pas à conclure qu'on devait proscrire cette haute prérogative que les constitutions de presque tous les pays civilisés ont confiée aux chefs des États. Il ne faut pas en supprimer, mais seulement en régulariser l'exercice, comme j'ai déjà eu l'occasion de le dire.

Pour apprécier la valeur d'une institution sociale, c'est au point de vue de l'état normal de son application qu'il faut se placer, et sous ce rapport, l'institution du droit de commutation et de grâce est d'une utilité indéniable dans l'administration de la justice criminelle. Les actes que le législateur n'apprécie que d'une manière abstraite et qu'il incrimine et punit à ce point de vue, se produisent dans les agents avec une telle variété de nuances et de circonstances diverses, que même la peine abaissée de deux degrés en vertu de l'art. 463, peut encore quelquefois paraître excessive. De là pour la bonne administration de la justice criminelle, la nécessité du droit de grâce et de commutation pour descendre au-dessous même des deux degrés de l'art. 463 jusqu'à celui qui peut réaliser l'équitable proportionnalité de la diminution de la sévérité de la peine à celle de la gravité de l'acte. Ainsi se révèle le rôle essentiel de modérateur que le droit de grâce et de commutation est appelé à remplir au sein de l'économie sociale, dans l'exercice de la justice criminelle. Le jury ne devrait jamais le méconnaître.

C'est assurément trop exiger du jury que de lui demander qu'il ne se préoccupe pas de la conséquence pénale que son verdict doit entraîner. Mais ce qu'il faudrait en obtenir,

(1) Aux États-Unis en matière électorale.

c'est que dans le cas où sa déclaration, même avec l'admission de circonstances atténuantes, entraîne une peine qui lui paraît excessive, il n'oublie pas qu'il y a un droit de grâce et de commutation dont l'exercice est confié au chef de l'État. Il ne faut pas que le jury, au lieu de s'en tenir à la déclaration de circonstances atténuantes, s'arroge indirectement ce droit de grâce au lieu d'user de la voie légale d'y recourir. Il ne faut pas que le jury, par un acquittement même que dément l'évidence des faits, usurpe l'exercice de la clémence.

En appelant l'attention de l'Académie et la sollicitude des pouvoirs publics sur l'état anormal en France de la répression, je me suis attaché à indiquer à la fois la gravité du mal, ses causes, et les moyens d'y remédier, avec le sentiment d'un devoir à remplir, mais je n'ose dire avec celui du devoir accompli. Je sais combien je laisse, en raison non-seulement de mon âge avancé, mais de la faible mesure de mes forces, de difficultés à résoudre, mais je sais aussi la confiance que doivent inspirer pour leur solution les criminalistes distingués en France et à l'étranger qui consacrent leurs études au perfectionnement de la codification de la législation criminelle.

Je ne terminerai pas ce mémoire sans dire qu'il a été écrit avec la conviction que les mémoires de l'Académie ne sont pas destinés à présenter dans leur ensemble l'homogénéité d'un corps de doctrine, puisqu'il est de règle académique de respecter pour tous la liberté d'examen et de laisser à chacun la responsabilité personnelle de ses principes. J'accepte cette responsabilité sans réserve, mais non sans la plus grande déférence pour les lumières de mes savants confrères et sans ma profonde gratitude pour tout ce que j'ai dû, depuis 49 ans que j'ai l'honneur d'appartenir à cette académie, à l'élévation de leurs idées, à l'étendue de leur érudition et à leurs travaux si remarquables et toujours si justement remarqués.

Tableau A

indiquant, pour chacune des onze périodes quinquennales, écoulées en France de 1826 à 1880, le nombre réel des condamnations à mort, des exécutions, des commutations, et le nombre proportionnel des exécutions et des commutations.

Périodes quinquennales	NOMBRE TOTAL DES CONDAMNATIONS A MORT	NOMBRE TOTAL DES EXÉCUTIONS	NOMBRE TOTAL DES COMMUTATIONS	PROPORTION DES EXÉCUTIONS sur 100 condamnations à mort	PROPORTION DES COMMUTATIONS sur 100 condamnations à mort
1826 à 1830....	554	860	194	65 %	35 %
1831 à 1835....	327	154	178	47 %	53 %
1836 à 1840....	197	147	50	75 %	25 %
1841 à 1845....	240	178	62	74 %	26 %
1846 à 1850....	245	160	85	65 %	35 %
1851 à 1855....	282	158	124	56 %	44 %
1856 à 1860....	217	120	97	55 %	45 %
1861 à 1865....	108	63	45	58 %	42 %
1866 à 1870....	85	46	89	54 %	46 %
1871 à 1875....	145	74	71	51 %	49 %
1876 à 1880....	127	83	94	26 %	74 %
TOTAUX.....	2.527	1.493	1.034		

Tableau B

indiquant, en ce qui concerne les crimes d'assassinat ou d'homicide prémédité, pour chacune des onze périodes quinquennales écoulées en France de 1826 à 1880, le nombre réel des condamnations à mort, des exécutions, des commutations, et le nombre proportionnel des exécutions et des commutations.

Périodes quinquennales	NOMBRE TOTAL DES CONDAMNATIONS A MORT	NOMBRE TOTAL DES EXÉCUTIONS	NOMBRE TOTAL DES COMMUTATIONS	PROPORTION DES EXÉCUTIONS sur 100 condamnations à mort	PROPORTION DES COMMUTATIONS sur 100 condamnations à mort
1826 à 1830....	288	236	52	82 %	18 %
1831 à 1835....	178	118	60	65 %	85 %
1836 à 1840....	122	99	28	81 %	19 %
1841 à 1845....	163	130	83	80 %	20 %
1846 à 1850....	157	113	44	72 %	28 %
1851 à 1855....	160	118	47	71 %	29 %
1856 à 1860....	144	95	49	66 %	84 %
1861 à 1865....	80	46	84	57 %	43 %
1866 à 1870....	62	36	26	58 %	42 %
1871 à 1875....	109	63	46	58 %	42 %
1876 à 1880....	90	25	65	28 %	72 %
TOTAUX......	1.548	1.069	479		
MOYENNES...	140	97	43	69 %	31 %

Tableau C
Période de 1873 à 1880
Crimes capitaux : Parricide, Assassinat, Empoisonnement, Infanticide, Incendie

Nombre des accusés ;
— *des accusés déclarés coupables ;*
— *des commués par les déclarations du jury de circonstances atté-*
  nuantes les exonérant de la condamnation à mort ;
— *des condamnés à mort comme reconnus coupables sans circons-*
  tances atténuantes ;
— *des commués par les chefs de l'État ;*
— *des exécutés ;*
Nombre proportionnel sur 100 accusés reconnus coupables, des exonérés de
  la condamnation à mort par l'admission des
  circonstances atténuantes ;
Nombre proportionnel sur 100 des condamnés à mort comme reconnus cou-
  pables sans circonstances atténuantes ;
  des exécutés ;

| | | | de 1873 à 1880 | | | | | Nombre proportion-nel sur 100 accusés reconnus coupables | |
	Accusés	Accusés déclarés coupables	Commués par les déclarations du jury de circonstances atténuantes les exonérant de la condamnation à mort	Condamnés à mort comme reconnus coupables sans circonstances atténuantes	Commués par les chefs de l'État	Exécutés	Des exonérés de la condamnation à mort par l'admission des circonstances atténuantes	Des condamnés à mort comme reconnus coupables sans circonstances atténuées	Des exécutés
Parricide.........	92	64	48	16	7	9	75 %	25 %	14 %
Assassinat.	1929	902	740	162	104	58	82 %	18 %	6 %
Empoisonnement .	150	94	87	7	6	1	93 %	7 %	1 %
Infanticide........	1767	1130	1122	8	8	»	99 %	1 %	»
Incendie d'édifices habités	1211	438	432	6	6	»	99 %	1 %	»
TOTAL........	5149	2628	2429	199	131	68	92 %	8 %	8 %

Tableau C bis

Période 1873 à 1880

Crimes capitaux : Même cadre que le précédent, mais relatif aux deux sexes.

	Accusés		Accusés déclarés coupables		Commués par les déclarations du jury de circonstances atténuantes les exonérant de la condamnation à mort		Condamnés à mort comme reconnus coupables sans circonstances atténuantes		Commués par les Chefs d'État		Exécutés		Nombre proportionnel sur 100 accusés reconnus coupables					
													des exonérés de la condamnation à mort par l'admission de circonstances atténuantes		des condamnés à mort comme reconnus coupables sans circonstances atténuantes		des exécutés	
	hommes	femmes	hommes	femmes	hommes	femmes	hommes	femmes	hommes	femmes	hommes	femmes	hommes	femmes	hommes	femmes	hommes	femmes
Parricide	76	16	55	9	41	7	14	2	5	2	9	»	75 %	78 %	25 %	22 %	16 %	»
Assassinat	1.651	278	770	132	616	124	154	8	95	7	57	1	80 %	94 %	20 %	6 %	7 %	»
Empoisonnement	50	109	36	58	28	55	4	3	3	3	1	»	89 %	95 %	11 %	5 %	2 %	»
Infanticide	89	1.578	46	1.084	46	1.076	»	8	»	8	»	»	»	99 %	»	1 %	»	»
Incendie d'édifice habité	397	314	353	85	347	85	6	»	6	»	»	»	98 %	»	2 %	»	»	»
Totaux et moyennes	2.263	2.385	1.260	1.368	1.078	1.347	178	21	111	20	67	1	86 %	98 %	14 %	2 %	5 %	»

Tableau D

Indiquant pour la période des 11 années 1870 à 1880 inclusivement, le nombre des condamnés à mort et des exécutés pour assassinat ou homicide prémédité dans les onze États ci-dessous désignés.

	ALLEMAGNE										Angleterre et Pays de Galles		BELGIQUE		ITALIE		SUÈDE		NORWÈGE		Danemark	
	PRUSSE		Gd duché de Bade		BAVIÈRE		SAXE (1)		Wurtemberg													
	Cond. à mort	Exéc.	Cond. à mort	Exéc.	Cond. à mort	Exéc.	Cond. à mort	Exéc.	Cond. à mort	Exéc.	Cond. à mort	Exéc.	Cond. à mort	Exéc.	Cond. à mort	Exéc.	Cond. à mort	Exéc.	Cond. à mort	Exéc.	Cond. à mort	Exéc.
1870	20	»	»	»	12	»	2	»	1	»	15	6	11	»		»	3	»	3	»	2	»
1871	28	»	3	»	12	»	3	»	3	»	13	4	5	»		»	2	1	1	»	»	»
1872	49	»	5	»	5	»	»	»	2	»	30	15	5	»		»	2	»	1	»	3	»
1873	40	»	5	»	16	2	4	»	1	»	18	11	7	»		»	1	»	4	»	2	»
1874	49	»	3	»	9	»	2	»	5	»	25	16	7	»		»	»	»	2	»	1	»
1875	61	»	1	»	17	2	4	»	1	»	33	18	10	»	98	»	»	2	4	3	»	»
1876	62	»	»	»	12	»	»	»	5	»	32	22	8	»	88	»	3	»	»	»	3	»
1877	53	»	2	»	13	2	3	»	3	»	34	22	6	»	102	»	2	»	2	»	2	»
1878	73	»	3	»	13	»	3	»	5	»	20	16	12	»	64	»	4	1	1	»	2	»
1879	63	»	3	1	16	2	3	»	3	»	34	15	5	»	87	»	3	»	»	»	»	»
1880	55	»	1	»	8	»	7	1	4	1	28	13	8	»	104	»	1	»	»	»	2	1
TOTAUX	558	»	26	1	134	7	28	1	30	»	282	158	84	»	543	»	21	4	13	3	18	1

(1) Il ne paraît y avoir pour 1870 aucune indication de condamnations à mort, puisqu'alors la Saxe vivait sous le régime de l'abolition de la peine de mort qui fut rétablie au grand regret de cet État par le code pénal allemand qui imposa à la Saxe et à trois autres États confédérés l'unification pénale.

Tableau D bis

Indiquant pour les 11 États: Prusse, Grand-duché de Bade, Bavière, Saxe, Wurtemberg, Angleterre et pays de Galles, Belgique, Italie, Norwège, Suède, pendant les dix années de 1871 à 1880, le nombre des condamnations à mo___ pour homicide prémédité et des exécutions pour la période décenna___ et pour les deux périodes quinquennales; avec le nombre proport___ et pour chaque période des exécutions sur 100 condamnations.

DÉSIGNATION des ÉTATS	Condamnations à mort. Total			Exécutions Total			Nombre proportionnel des exécutions sur 100 condamnations à mort		
	Pour la période décennale 1871 à 1880	Pour la première période quinquennale 1871 à 1875	Pour la seconde période quinquennale 1876 à 1880	Pour la période décennale	Pour la première période quinquennale	Pour la seconde période quinquennale	Pour la période décennale	Pour la première période quinquennale	Pour la seconde période quinquennale
Prusse (1)..............	538	227	311	»	»	»	»	»	»
Grand-duché de Bade..	26	16	10	1	»	1	4 %	»	10 %
Bavière.	121	59	62	7	8	4	6 %	5 %	6 %
Saxe.	28	11	17	»	»	»	»	»	»
Wurtemberg.	29	11	18	1	»	1	3 %	»	6 %
Angleterre et pays de Galles.	267	119	148	152	64	88	57 %	54 %	59 %
Belgique (2)...........	»	73	34	39	»	»	»	»	»
Italie (3)	»	»	445	»	»	»	»	»	»
Norwège................	10	10	»	3	3	»	30 %	30 %	»
Suède.................	18	5	13	4	1	3	22 %	20 %	23 %
Danemarck.............	16	7	9	1	»	1	6 %	»	11 %

(1) Aucune exécution n'a eu lieu en Prusse pour le crime d'homicide prémédité. Mais la peine de mort étant en outre prononcée par le Code pénal pour attentat à la vie de l'Empereur, le régicide Hœdel fut exécuté en août 1878, pendant la régence momentanée du Prince impérial.
(2) Aucune exécution en Belgique n'a eu lieu depuis 1864.
(3) La statistique de l'administration de la justice criminelle en Italie ne remonte qu'à 1876.

M. Arthur Desjardins : — Je m'associe au jugement que M. Lucas porte sur la transportation. Je laisse aujourd'hui de côté tout ce qui concerne la « relégation », appliquée par mesure administrative aux récidivistes ; il faudrait examiner à part ce redoutable problème de la récidive, avec lequel la société moderne est aux prises et dont la solution scientifique est si difficile à trouver. J'envisage la transportation comme peine principale, appliquée aux crimes de droit commun. M. Lucas l'a, dans son mémoire, étudiée sous divers aspects. Permettez-moi d'insister sur un point capital : la transportation n'intimide pas les malfaiteurs.

Une peine est mauvaise quand elle est dépourvue d'effet préventif. Il importe bien plus à la société d'empêcher que de punir les crimes. Ce qui caractérise la transportation, c'est qu'elle effraie seulement les moins endurcis, ceux qu'un lien rattache soit à la patrie, soit à la famille. Mais les plus pervers, c'est-à-dire ceux qui n'ont ni patrie ni famille s'y résignent avec une merveilleuse insouciance. Le voyage ne leur déplaît pas et l'inconnu les attire : *arva beata petamus, arva felices et insulas.* Ils se trompent souvent, à vrai dire, et la peine est plus dure en réalité qu'en perspective. C'est un mal, et mieux vaudrait, si l'on doit se méprendre, qu'elle fût plus douce et parût moins supportable.

« Si la peine contre les grands crimes, a dit Ortolan, n'est pas la plus redoutée, il n'y a plus de barrière qui nous en défende ; cette peine, au contraire, devient, dans le calcul de malfaiteur, par la comparaison avec les autres, une excitation à forfaire. » Ce qui augmente précisément le péril dans notre pays, c'est que la transportation, employée pour l'exécution de la peine des travaux forcés, est réservée aux plus grands, la réclusion aux moindres crimes. Le péril croît encore si la peine de mort est abolie en droit ou supprimée en fait. Un voleur, s'il se borne à voler la nuit dans une maison habitée, s'expose à la réclusion qu'il redoute; s'il vole et tue, il sera condamné à la transportation, dont il s'accommode. Il a donc un intérêt à tuer. Quelle anomalie!

La loi du 30 mai 1854 a créé, chez nous, cet état de choses. Plus de 3,000 forçats avaient sollicité, dès 1852, la faveur d'être transportés à la Guyane et y furent, en vertu de cette adhésion, transportés effectivement. On put, à dater de 1854, les transporter sans leur consentement. Mais le climat était insalubre, et beaucoup d'entre eux périrent. En 1858, une commission spéciale fut consultée; toutefois le gouvernement, sur son avis conforme, après avoir hésité entre la Nouvelle Calédonie et la Guyane, se décida pour le maintien des établissements créés dans cette dernière colonie. Il fallut bientôt se rendre à l'évidence et le décret du 2 septembre 1863 décida que la peine des travaux forcés serait subie à la Nouvelle Calédonie. Eh bien! même pendant cette première période, qui le croirait? alors que l'insalubrité de la Guyane était notoire, la perspective de la transportation n'effrayait pas les accusés. Avocat stagiaire en 1859, j'ai défendu devant la Cour de Paris, chambre des appels correctionnels, un voleur condamné à quelques mois de prison : « Vous n'avez pas été condamné bien sévèrement, lui dit-on : pourquoi donc avez-vous fait appel? » « Je demande à être déporté, » répondit mon client. « C'est une faveur, lui répliqua le président, qu'on ne peut pas vous accorder ici. » Que de fois ce dialogue a recommencé!

La perspective, on le comprend, parut encore moins sombre quand la Nouvelle-Calédonie eut été substituée à la Guyane. « L'île, dit une notice publiée en 1874 par le ministère de la marine, placée sous le vingt-troisième degré de latitude, presqu'aux antipodes, est moins chaude que nos autres colonies, toutes plus rapprochées de l'Equateur. L'expérience avait démontré déjà avec quelle facilité les Européens peuvent se livrer au travail, grâce à la salubrité du climat. » Il y avait longtemps qu'on savait, dans les prisons, à quoi s'en tenir. Permettez-moi de faire encore appel à mes propres souvenirs. Dans les premiers mois de 1878, alors que je venais d'être nommé procureur-général à Douai, un détenu de vingt ans, possédé du désir d'aller à la Nouvelle-Calédonie, frappa mortellement un des gardiens de la maison centrale dans laquelle il était enfermé, espérant que, à raison de son âge, il ne serait pas condamné à la peine capitale ou du moins ne la subirait pas. Le verdict du jury trompa son attente et la Cour d'Assises du Nord prononça, pour la première fois depuis huit ans, la peine de mort ; mais cette peine fut en effet commuée, malgré mes efforts, et le condamné dut être dirigé, selon ses vœux, sur la Nouvelle-Calédonie. Depuis cette époque, les assassinats se succédèrent dans les prisons.

Frappé de ce désordre, un grand ministre de la justice, M. Dufaure chargea une commission extra-parlementaire d'aviser aux moyens d'y remédier. Un projet fut préparé, soumis aux chambres et converti en loi. Pour empêcher les réclusionnaires de commettre de nouveaux crimes en vue de se faire condamner aux travaux forcés et, par suite, transporter à la Nouvelle-Calédonie, la loi du 25 décembre 1880 décida que le crime commis dans la maison centrale serait expié dans la maison centrale. « A moins d'impossibilité, » lisait-on dans le projet de la commission sénatoriale, ce qui laissait encore un prétexte à l'administration pour déporter, le cas échéant, quelques-uns de ces incorrigibles. C'est un prétexte qu'il ne faut lui laisser à aucun prix, fit observer M. Hérold (18 novembre 1880), et le Sénat vota que la peine, « en cas d'impossibilité, » serait subie dans une autre maison centrale.

La pratique française est d'ailleurs contraire à celle des autres nations maritimes. On peut avoir un « empire colonial » sans colonies pénitentiaires. Le peuple hollandais, essentiellement « maritime, » après avoir longtemps médité ce problème, a banni la transportation de son nouveau code pénal, analysé ces jours-ci dans un beau discours par M. l'avocat-général Chévrier et l'une des œuvres les plus achevées qu'aient inspirées les derniers progrès de la science contemporaine. On voulut sans doute, en 1854, copier l'Angleterre ; mais on lui emprunta la transportation au moment même où elle s'en dégoûtait. Nos voisins d'outre-Manche renonçaient, en principe, à la colonisation pénale dès 1864 et le dernier convoi de *convicts* arriva sur le rivage de l'Australie le dix janvier 1868. On ne s'entend pas, je le sais, sur les motifs qui dictèrent cette grave *résolution* et plusieurs publicistes ont écrit que l'Angleterre avait uniquement cédé, dans cette circonstance, aux réclamations de sa colonie. Cependant tandis que l'Australie méridionale récriminait, l'Australie occidentale, qui manquent de bras, demandait à grands cris des convicts et le cabinet britannique fut en même temps obligé, pendant quelques années, de prouver à celle-ci qu'elle pouvait vivre sans eux, à celle-là qu'elle pouvait vivre avec eux. Je crois pour mon compte que, si l'Angleterre n'avait pas reconnu l'inefficacité de la transportation, elle n'eût pas supprimé ce qu'elle pouvait déplacer. L'exemple des nations maritimes achève donc de persuader que le gouvernement de l'empereur Napoléon III a fait fausse route en 1854.

M. Georges Picot : — Je ne prendrais pas la parole, après mon confrère et ami M. Arthur Desjardins, avec lequel je suis en plein accord, si je ne croyais utile d'insister sur les causes qui ont amené l'Angleterre à abandonner la transportation. Telle est l'importance de ce précédent que tous les publicistes y ont fait allusion ; mais bien peu ont su discerner ce qui s'était passé de l'autre côté de la Manche. Frappés du ton menaçant des colonies anglaises, à l'heure où le progrès subit de leurs richesses attirait l'attention et excitait l'étonnement de l'Europe, ils ont attribué aux seules plaintes de l'Australie la décision du parlement anglais. Rien n'est moins exact.

Pourquoi la transportation a-t-elle contribué à la richesse de l'Australie ? Parce que le gouvernement anglais, après avoir jeté sur la plage de la Nouvelle-Galles du sud les milliers de condamnés qu'il avait accumulés sur les pontons depuis la guerre de l'indépendance américaine, a dépensé des sommes énormes, multiplié les travaux publics, prodigué des millions pour entretenir et développer l'établissement pénitentiaire. Toutefois il ne serait pas arrivé à fonder une colonie prospère si deux faits n'avaient transformé l'Australie : Les découvertes des riches prairies au-delà des montagnes bleues et plus tard la rencontre de gisements aurifères ont subitement modifié les conditions économiques de ce nouveau continent. A côté du courant régulier de la transportation, s'établit un courant bien autrement abondant de l'émigration libre. Les colons affluaient, les troupeaux se multipliaient : On manquait de bras pour les rudes travaux de l'agriculture, de bergers

pour la garde du bétail. En 1840, 8,000 convicts étaient bergers (1).
Une population agricole active, fondant des établissements nouveaux,
dans un pays vierge, a besoin de beaucoup de bras. Dans cette période
de création, les convicts aident au développement de la richesse. Dès
leur arrivée, les plus travailleurs sont employés par la population libre
et bientôt absorbés par elle. La masse des agriculteurs jouent le rôle
d'une puissante société de patronage qui attirerait et emporterait dans
son action tous les condamnés pour les régénérer par le travail. Malheureusement ce système pénitentiaire, en apparence sans défaut,
devait trouver en lui-même un vice capital. Avec la découverte de
l'or, avec les richesses rapides dues au bétail et aux pépites, l'Australie,
qui était en 1820 l'effroi des criminels, devint à partir de 1850 l'objet
de tous leurs rêves. Ils avaient su que plus d'un convict y avait trouvé
la fortune. Ils eurent l'ambition de courir au-devant des mêmes
chances. La transportation cessa d'être une peine intimidante.

En même temps, il est vrai, les colonies devenues riches et puissantes
conçurent une répugnance croissante pour les convicts. A mesure que
l'immigration leur amenait des ouvriers libres, les propriétaires se dé-
goûtaient du rôle plus ou moins déguisé de geôliers; ils cessaient de
réclamer des condamnés et firent bientôt retentir le parlement australien
de leurs plaintes contre un système pénitentiaire qui déshonorait la
colonie.

L'écho de ces doléances arriva en Angleterre, en un moment où les
criminalistes et les hommes d'État s'effrayaient des progrès de la récidive. Déjà à d'autres époques, Bentham Romilly, Abercromby, Wilber-
force avaient réclamé l'abolition de la transportation, en soutenant que
ce châtiment n'intimidait, ni ne moralisait le condamné. Dès 1837, à la
suite d'une enquête à laquelle prirent part sir Robert Peel et lord John
Russell, le comité conclut à la suspension de la transportation. En 1840,

(1) En 1840, la population libre était de 62,000 âmes; les *convicts*, au
nombre de 40,000 — 26,000 étaient fournis aux cultivateurs qui les em-
ployaient; sur ce nombre 8,000 gardaient les troupeaux. — A cette époque,
le courant de l'immigration amenait 12,000 colons par an en Australie.
(Paul Leroy-Beaulieu, *De la colonisation chez les peuples modernes*,
p. 463.)

l'Australie cessa de recevoir des convicts qui furent envoyés en face de Melbourne sur l'île de Van-Diemen. 17,000 furent accumulés à la fois sur cette terre fertile, mais insuffisamment peuplée. L'échec fut complet et les récits qui parvinrent en Angleterre soulevèrent l'indignation publique.

Le gouvernement anglais, ordonna, à sept ans de distance, de grandes enquêtes. En 1856 et en 1863, la question fut examinée sous toutes ses faces dans une suite de séances où furent entendus tous ceux qui avaient acquis en Angleterre ou aux colonies une expérience positive (1). Ayant eu occasion de dépouiller, il y a quelques années, ces vastes recueils d'informations, je crois devoir faire passer sous les yeux de l'Académie quelques-unes des dépositions. Les hommes spéciaux furent unanimes à attaquer la transportation. Parmi les gouverneurs de prison, il n'y eut pas une voix discordante. Sir Josuah Jebb disait : « Les condamnés ne peuvent être tous transportés : Nous devons faire un choix. « Tous considèrent leur envoi aux colonies comme un bienfait. » (1863, n° 790. La même idée se retrouve dans les réponses portant les n°° 1861 et 4254.) — « La transportation, disait le capitaine Gambier, n'a aucun « effet d'intimidation. A chaque visite que je fais à une prison, les prisonniers demandent à me parler et plus de vingt me supplient de les « faire transporter » (n° 4824 et 4826). « Je pense, ajoutait-il, qu'un récidiviste est « toujours heureux d'être transporté. » (n° 4881.) Plus loin, M. Measor, chargé de l'embarquement des transportés, est interrogé sur ce service : il dit : « Tous les condamnés veulent être transportés, sur « le navire dont on vient de parler, il n'y en avait pas un qui ne le « souhaitât. » (n° 5600) « Selon vous, lui demanda le président, la transportation n'est donc pas une peine intimidante, mais le contraire ? — « Oui, répondit-il, la seule peine susceptible d'intimider, est, selon moi, la prison subie en Angleterre, suivant une discipline sévère. » (n° 5833.) Enfin, le plus connu de ceux qui ont attaché leur nom à la réforme pénitentiaire, sir William Crofton, émettait son opinion en ces termes :

(1) *Reports from the select committee on transportation* (juin 1856). — *Reports of the commissioners appointed to inquire into the operation of the acts relating to transportation and penal servitude,* 1863.

« Je ne crois pas que les grands criminels puissent être transportés, car
« la perspective de la transportation ne les intimide pas. Tous les con-
« damnés, en règle générale (et je n'ai jamais entendu aucun de ceux
« qui les approchent émettre un jugement contraire) ont un désir ardent
« d'aller dans les colonies. Nous pouvons les corriger en Angleterre et
« bien mieux qu'en les transportant. » (n° 3416.)

« Je crois, disait l'un des gouverneurs de prison, qu'il est dangereux
« d'envoyer un condamné dans une prison coloniale, s'il n'a d'abord
« subi en Angleterre un bon traitement de réforme » (n° 5601). « Sui-
« vant moi, disait M. James Organ, la transportation, si nous devons la
« conserver, doit être une récompense pour les condamnés repentants. Je
« garderais en Angleterre les mauvais et les incorrigibles. » (n° 4676.)

Le président de la Commission d'enquête posa cette question à l'un
des témoins : « Trouveriez-vous mauvais que la prison de réforme fut
située, non en Angleterre, mais dans les colonies? — Je le trouverais
mauvais, répondit M. Measor; je ne crois pas que le système pénitentiaire put fonctionner aussi bien dans les colonies qu'en Angleterre.
Vous ne pourriez pas disposer dans les colonies de la même force, des
mêmes moyens de réforme, du même corps de gardiens, en un mot
d'aucune des ressources que nous possédons. » (n° 5732.)

Lord Grey qui avait exercé pendant six ans les fonctions de ministre
des colonies, n'était pas moins net : — « Les colonies ne valent rien
comme pénitenciers. Sur ce point, l'expérience n'est pas contestable : il
est difficile de trouver d'honnêtes gardiens; les abus se prolongent
plusieurs années avant qu'on les soupçonne. On ne saurait mettre un
pénitencier trop près des regards vigilants. » (Enquête de 1861.)

Je cite des fragments ; mais il faudrait lire dans leurs textes complets
les dépositions de M. Horatio Waddington, sous-secrétaire d'Etat permanent (1) du ministère de l'Intérieur, de M. Th. Fréd. Elliott, sous-
secrétaire d'Etat des colonies et de tant d'autres dont toutes les
réponses s'accordent à démontrer l'inefficacité de la transportation.

(1) Pour prévenir le trouble que les renversements de cabinet ne man-
queraient pas d'apporter dans la marche des affaires, les Anglais ont
institué à côté du sous-secrétaire d'Etat parlementaire un fonctionnaire
permanent qui demeure l'âme et le pivot de l'administration sous les
différents titulaires politiques.

Publiées en 1856 et 1863, ces grandes enquêtes déterminèrent le mouvement de l'opinion publique (1). On ne s'attacha pas à l'avis de quelques hommes politiques qui persistaient à regretter le temps où les navires portaient loin de l'Angleterre l'écume malsaine de la civilisation ; on se décida à entrer franchement dans les voies de la réforme pénitentiaire et la transportation, déjà abandonnée comme peine spéciale dès 1857, fut de moins en moins appliquée aux condamnés à la servitude pénale. Seule entre les colonies anglaises, l'Australie occidentale réclama des convicts ; elle espérait déterminer à la fois de grandes dépenses et attirer un courant d'émigration ; lorsqu'un condamné avait montré un repentir sincère, au lieu de lui accorder la libération provisoire en Angleterre, on le conduisait en Australie où la liberté et une vie nouvelle lui étaient promises. Enfin on renonça même à cette dernière apparence de l'ancien système (2).

Qu'en est-il résulté pour l'Angleterre ? Une enquête ouverte en 1879 sur les questions pénitentiaires, enquête considérable dans laquelle furent entendus une foule de témoins et qui remplit trois volumes (3), nous apporte sur ce point un irrécusable témoignage. Sur 18,841 questions posées aux témoins, la table analytique très minutieuse nous apprend que quinze à peine eurent trait à la transportation. La matière est épuisée : l'opinion publique est fixée, qu'en disent les seuls déposants qui jugent l'expérience ? Sir Edmund Henderson (4), dont nul ne mettait en doute l'autorité, s'exprime ainsi : « C'est un fait à mon sens très remarquable que l'abolition de la transportation

(1) On peut se rendre compte de l'état de l'opinion en lisant le chapitre sur la transportation dans l'ouvrage qui fait autorité de Miss Carpenter, intitulé : *Our prisoners*. Tous les documents, toutes les opinions y sont analysées ; ce livre, publié en 1864, a rendu populaire les résultats des enquêtes.

(2) Le dernier convoi de convicts est parti d'Angleterre en 1867. (Voir enquête de 1879. Appendix, A, 16.)

(3) *Reports of the commissioners appointed to inquire into the working of the penal servitude acts*. Londres, 1879. 3 vol. in-8°.

(4) Le lieutenant-colonel Henderson avait été contrôleur général des convicts dans l'Australie occidentale, de 1850 à 1863. Il revint alors en Angleterre où il exerça les fonctions de président du conseil des directeurs de prisons ; puis, en 1868, il fut nommé *Chief Commissioner* de la police métropolitaine, poste qu'il occupait en 1879.

ait réellement produit si peu d'effet sur la criminalité. J'ai été jadis un partisan déterminé de la transportation, et il m'est arrivé de prédire que si les condamnés étaient libérés en Angleterre, il en résulterait de graves conséquences; mais je dois avouer que je me suis mépris. » (4518.)

Les deux autres témoins s'exprimèrent dans le même sens (1) La question peut donc être tenue pour définitivement jugée.

L'échec de la nation la plus maritime, de celle qui possède les plus vastes colonies, ne peut être indifférent à une époque où le problème si souvent étudié à Londres se pose devant nous.

Nous avons dit un mot de l'inquiétude qui s'empara de l'Angleterre quand elle reconnut l'insuffisance de son système pénal. La récidive avait pris tout d'un coup des proportions alarmantes. La police admirablement faite dans la ville de Londres n'avait pas suffi à préserver les rues les plus fréquentées de vols et surtout de ces attaques violentes que les anglais désignent sous le nom d'*assaults*. C'est au milieu de ces inquiétudes que la réforme pénale fut appliquée : tout condamné devait passer en cellule la première année de sa peine. S'il se conduisait bien, une heure ou deux de travail en commun devait être sa première récompense, puis venait le travail en plein air, puis la libération provisoire qui servait enfin d'acheminement à la liberté.

Tous ces pas accomplis, tous ces progrès lents vers le travail libre n'étaient pas l'effet de faveurs arbitrairement accordées. Au système défectueux de nos grâces, les Anglais ont substitué les *marques*, bons points quotidiens qui en s'accumulant réduisent les périodes d'épreuves et hâtent la libération définitive.

Voilà comment nos voisins ont combattu efficacement la récidive.

Je crois, comme M. Charles Lucas, que la refonte de notre système pénal s'impose et que les partisans de la relégation poursuivent une chimère. A l'heure où je parle, on ne propose que la Guyane et la Nouvelle Calédonnie. Le climat de la Guyane insalubre en 1864 a-t-il changé ? Personne ne le prétend et les vérifications auxquelles on se livre obligeront à y renoncer. La Nouvelle-Calédonie est saturée par l'é-

(1) Voir numéros 8877 et 8881.

lément pénitentiaire : sa population civile n'atteint pas 8,000 âmes. En employant 700 libérés, elle est arrivée à une proportion qui ne peut plus être dépassée. Les libérés réclament des concessions: L'administration en possède un nombre insuffisant et les derniers courriers nous apprennent que 2,000 attendent dans l'inaction qu'on leur délivre un lot de terre (1). La description de notre établissement pénitentiaire de la Nouvelle-Calédonie, des encombrements, du désordre des libérés sur la grande terre remplissent les correspondances de détails lamentables. (2) Ce que nos documents parlementaires laissent entendre permet de tout supposer (3).

Il faut donc en revenir courageusement au double parti que le bon sens commande : réviser notre loi pénale, adopter le système pénitentiaire. Si cette conduite, la seule sage, la seule pratique, paraît trop lente au gré des impatiences ; si le progrès de la criminalité alarme trop vivement, et que des mesures urgentes semblent nécessaires, le meilleur expédient serait de jeter dans des maisons de correction pénitentiaires non loin de nos côtes, dans des îles, tout au plus en Corse, ces incorrigibles qui forment l'armée du crime et qui sont tous des vagabonds, dans le sens du Code pénal. Là, on les observera de près ; on pourra se livrer en toute certitude à un triage et ceux qui travailleront, dont la conduite sera presque bonne, l'énergie suffisante, sauront que, comme faveur suprême, l'envoi aux colonies avec une concession pourra leur être accordée.

En résumé, la colonisation deviendra ce qu'elle doit être, la récompense des plus hardis, des plus courageux et des plus infatigables, non le châtiment du vagabond paresseux dont la métropole ne sait que faire.

(1) *Economiste français*, numéro du 22 novembre 1884, p. 643.
(2) Voir le *Temps* du 8 mai 1884.
(3) Le rapport au Sénat présenté le 29 juillet 1884, par M. de Verninac, au nom de la Commission chargée d'examiner le projet de loi sur les récidivistes contient des indications qui ne laissent aucun doute sur la nécessité d'écarter la Nouvelle-Calédonie, p. 30.

DOCUMENTS ANNEXES

I

Pétition relative à la suppression des exécutions publiques des condamnés à mort, et à l'urgence de l'élaboration d'un nouveau code pénal pour remédier à l'état anormal en France de la répression en matière de crimes capitaux.

24 octobre 1884.

Messieurs les Sénateurs,

La pétition que j'ai l'honneur de soumettre à l'appréciation de votre haute Assemblée a un double objet, dont l'un est la suppression des exécutions publiques des condamnés à mort, et l'autre, l'urgence de l'élaboration et de la promulgation d'un nouveau code pénal pour remédier à l'état anormal en France de la répression en matière de crimes capitaux.

De ces deux objets, quelque important que soit le premier c'est le second qui est à mes yeux le principal et le plus urgent. On doit vivement se préoccuper de la gravité de l'état anormal en France de la répression en matière de crimes capitaux, et on ne saurait méconnaître que l'une des causes qui ont concouru à le produire, est dans les lois successives qui sont venues isolément modifier plusieurs articles du code pénal et qui en ont ainsi détruit l'homogénéité, comme on le verra dans la seconde partie de cette pétition où je démontre la nécessité de l'élaboration d'un nouveau code pénal.

Suppression des exécutions publiques des condamnés à mort.

Un exemplaire imprimé ci-joint de la pétition que j'eus l'honneur d'adresser le 20 mars 1867 au Sénat de cette époque et qui fut l'objet d'une mémorable discussion insérée dans le Moniteur du 30 décembre 1869, me dispense de rappeler les précédents qui ne permettent plus à la France déjà trop attardée, d'hésiter à entrer dans une voie où elle a été devancée par plusieurs nations des deux côtés de l'Atlantique.

Le renvoi de ma pétition au Ministre de la Justice, proposé par le rapport de la commission sénatoriale, combattu par le Ministre de la Justice lui-même, M. Baroche, fut rejeté par le vote du Sénat. Un meilleur sort semblait réservé à ma conclusion dans la chambre élective, où dès les premiers mois de 1870, M. le député Steenakers la renouvelait par voie d'initiative parlementaire avec l'appui du gouvernement. La guerre vint malheureusement entraver les espérances qu'on avait conçues, mais sans les détruire.

M. Dufaure, pendant son dernier ministère, institua, pour la suppression de la publicité des exécutions capitales, une commission qui s'inspira des idées repoussées par le Sénat de 1869, et accueillies par le Corps législatif dès les premiers mois de 1870. Le projet de loi préparé par l'honorable M. Dufaure fut repris par l'honorable M. Le Royer, devenu garde des sceaux, qui le déposa à la séance du 20 mars 1876 sur le bureau de la Chambre des députés.

Depuis six ans que ce dépôt avait eu lieu, ce projet de loi n'avait été l'objet d'aucun rapport, et aucune commission n'en avait été saisie. Un membre éminent du Sénat, M. Bardoux, après avoir constaté ce singulier oubli, a été heureusement inspiré en usant de son initiative parlementaire pour mettre enfin un terme aux regrettables hésitations en France sur l'opportunité de supprimer la publicité des exécutions capitales. Son projet de loi, déposé à la séance du Sénat du 10 juin (1) est précédé d'un remarquable exposé des motifs.

La proposition de supprimer l'exécution publique des condamnés à

(1) L'honorable sénateur M. Édouard Charton a déposé subséquemment le 5 juillet, une proposition tendant à l'abrogation de l'article 12 du code pénal.

mort est un vœu qui nous est commun, mais qui doit être considéré séparément sous le rapport moral et sous le rapport pénal.

Sous le rapport moral, la proposition de M. le sénateur Bardoux de suppression de la publicité des exécutions capitales est fondée sur la même idée que j'exprimais dans l'épigraphe de ma pétition au Sénat de l'Empire, ainsi conçu : « Au moment où la France fait de si grands sacrifices pour moraliser le peuple par l'instruction primaire, ce serait une singulière inconséquence de maintenir les exécutions publiques qui dégradent son caractère et pervertissent ses mœurs. »

L'honorable sénateur, dans son intéressant exposé des motifs, ne donne malheureusement qu'une description trop véridique des scènes scandaleuses qui, comme il le dit si bien, enlèvent à la justice son caractère de grandeur et de haute moralité sociale. Je crois qu'au point de vue moral qui est décisif, la suppression de la publicité des exécutions capitales ne doit pas trouver de contradicteurs.

Mais sous le rapport pénal se produisent deux interprétations différentes à donner à la suppression de cette publicité. Il y a sur la peine de mort deux écoles opposées, l'une pour son maintien, l'autre pour son abolition. Ces deux écoles comptent des hommes d'une grande valeur dont les convictions commandent un égal respect à ceux qui ne les partagent pas.

Dans ma pétition de 1867 au Sénat de l'Empire, après avoir reconnu la nécessité de la suppression des exécutions publiques sous le rapport moral, c'est en me plaçant sous le rapport pénal au point de vue du développement graduel du mouvement abolitionniste, que j'ai affirmé que cette suppression enlevait évidemment à la peine de mort une des conditions essentielles à l'efficacité des peines, celle de l'exemplarité qu'elle avait eue sous d'autres mœurs ou en d'autres temps.

Supprimer la publicité des exécutions capitales me semblait ainsi un acheminement à l'abolition de la peine de mort plutôt qu'un argument à l'appui de son maintien. C'est l'opinion que soutint M. le garde des sceaux Baroche dans la discussion précitée de décembre 1869, en lui donnant toutefois une conséquence bien différente de la mienne. L'impartialité commande de citer en note l'opinion qu'exprima M. Baroche (1), mais en faisant toutefois remarquer qu'il atténue beaucoup la

(1) M. Baroche s'exprimait ainsi : « M. Lucas, il ne le dissimule pas, veut et poursuit l'abolition de la peine de mort : je ne l'en blâme pas ; sa per-

vérité historique lorsqu'il ne mentionne le scandale des exécutions capitales que comme pouvant *quelquefois se produire*. C'est la fréquence au contraire de ce scandale qui doit déterminer d'une manière décisive la suppression de la publicité des exécutions capitales que j'appelle de tous mes vœux.

Urgence de l'élaboration d'un nouveau code pénal pour remédier à l'état anormal en France de la répression en matière de crimes capitaux.

J'arrive maintenant au second objet de cette pétition. Quoiqu'il soit assurément le principal et le plus urgent, comme je l'ai déjà dit, j'en parlerai brièvement par les raisons suivantes :

La Société générale des Prisons a publié dans le n° 6 de son Bulletin l'exposé des motifs de la proposition de loi de l'honorable M. Bardoux, en le faisant suivre de la lettre que j'ai adressée à l'éminent sénateur. Cette lettre assez étendue, puisqu'elle occupe vingt-cinq pages dans ce Bulletin, se rattache particulièrement au second objet de cette pétition, et le Bulletin n° 6 qui est ci-joint me dispense de reproduire ici les développements qu'elle contient.

sistance et très honorable, mais il faut examiner en face cette opinion avant de faire bon accueil aux moyens qui, dans la pensée de l'auteur, doivent amener ce résultat..... Je maintiens que tous les arguments vont contre la peine de mort, car si l'exécution de la peine de mort est un scandale, comment qualifier une législation qui conserve cette peine ! Si la peine de mort a été conservée, c'est à cause de l'exemplarité, de l'effet produit par l'exécution de cette peine. Quoi ! la société maintiendra le droit qu'elle a et qu'elle croit devoir conserver, de frapper de mort celui qui a frappé de mort son semblable, et elle se cachera pour exécuter son arrêt ! Il faut qu'il y ait publicité, précisément au nom même de tous les intérêts que M. le rapporteur a exposés ; il faut qu'il y ait publicité pour que la loi n'ait pas l'air de se cacher lorsqu'elle fait exécuter ses arrêts ; il faut qu'il y ait publicité parce que si le malheur veut qu'un grand coupable, placé dans je ne sais quelle situation, soit frappé par la justice, on ne puisse dire, comme on l'a dit quelquefois, qu'il n'y a pas eu d'exécution, qu'il y a eu substitution d'un cadavre à un autre. Le doute ne peut être permis.

« En définitive, il faut comparer l'avantage, l'intérêt moral, légal, qu'il y a à maintenir l'exécution publique de la peine de mort au scandale qui *quelquefois pourra se produire*. »

Cette lettre déclare toutefois que les renseignements qu'elle renferme sont fort insuffisants et qu'un mémoire inédit dont la lecture à l'Académie des sciences morales et politiques est inachevée pourra seule donner à l'époque de son impression les développements complets et pertinents sur les causes de l'état anormal en France de la répression en matière de crimes capitaux et sur les moyens d'y remédier. J'éprouve ainsi le profond regret, Messieurs les Sénateurs, de ne pouvoir soumettre immédiatement à votre appréciation les principaux moyens qui me semblent appelés à remédier à l'état anormal de la répression, et notamment la nécessité d'une loi qui édicterait la peine du confinement solitaire pour les cas de commutation de la condamnation à mort prononcée contre les assassins sans circonstances atténuantes.

Il serait grand temps dans l'intérêt de l'ordre social d'élever à Belle-Ile-en-Mer ou autres lieux, des constructions appropriées à la reclusion solitaire, afin de ne plus envoyer à la Nouvelle-Calédonie ces assassins qui vont y subir la peine de leur prédilection, ainsi que l'atteste la loi du 25 décembre 1880 sur les crimes commis dans les prisons pour obtenir la transportation.

S'il est un moyen toutefois assez présent à la pensée pour qu'il y ait moins à démontrer l'utilité que l'urgence d'y recourir, c'est assurément l'élaboration d'un nouveau code pénal. Dès 1831, la nécessité d'élaborer un nouveau code pénal avait été reconnue et l'on avait commencé même à se mettre à l'œuvre. Mais on voulait avant tout purger le code pénal de 1810 de la marque, du carcan et de la mutilation du parricide. La prudence conseilla de plus, en raison du temps qu'exigerait le travail d'élaboration, de considérer ce code comme un édifice en ruines qu'il fallait étayer sans retard. De là la loi de révision du 28 avril 1832. Elle ne fut pas une renonciation à la promulgation d'un nouveau code, mais une facilité qu'on voulait donner à la maturité de son élaboration. Malheureusement, au lieu de ce seul procédé normal qu'il y eut à suivre, on continua le système des étais, et il n'est plus possible d'y persévérer aujourd'hui, car il n'y a plus rien à étayer du code même revisé de 1810 qui ne tient plus debout.

Il y a dans l'existence du code pénal de 1810 deux époques distinctes à considérer, l'une depuis sa promulgation jusqu'à la révision de 1832, et l'autre depuis cette révision jusqu'à ce jour.

A la première époque, ce code, au moment où il fut promulgué, était loin de réaliser le progrès de civilisation qui avait valu au code civil sa grande renommée. Ce code était cruel, et en plusieurs parties, rétrograde, mais au moins il était logique et méthodique. Il remplissait à son point de vue les quatre conditions de l'exemplarité, de la certitude de l'exécution, de l'intimidation et de la graduation :

L'exemplarité, par la publicité des exécutions capitales ;

La certitude de l'exécution, par le nombre des exécuteurs de un par département, et à son début par l'exécution capitale qui était la règle et qui est aujourd'hui l'exception ;

L'intimidation et la graduation par l'ensemble et la concordance du système dont la peine de mort est la clef de voûte et qui avait pour complément de l'échafaud, la mutilation du parricide, le carcan et la marque. L'erreur de la révision de 1832 fut de s'attacher à humaniser ce code, et elle n'aboutit qu'à le détruire, parce que, en raison de l'homogénéité de son ensemble et de la cohésion de ses diverses parties, on ne pouvait et on ne devait que le remplacer. Aussi que reste-t-il de ce code revisé de 1832 et de toutes ces lois successivement superposées à la rédaction de ce code qui ne pouvait se les assimiler ? Ce qui reste, c'est le cahos de dispositions incohérentes, sans concordance entre elles, sans homogénéité par suite des replâtrages successifs et notamment celui de la loi de 1854 (1) sur la transportation, loi qui a achevé d'ôter à ce code son homogénéité, et a détruit la graduation de son échelle pénale, en aggravant l'inefficacité de l'intimidation dont la peine de mort était déjà dépourvue par la progression des commutations.

Il n'y a pas à gémir assurément sur ce que le code pénal de 1810 soit tombé en ruine, mais ce qu'il y a à regretter, c'est que depuis le code pénal revisé la répression en matière de crimes capitaux soit aujourd'hui dans un état tellement anormal que les quatre conditions qui constituent son efficacité : certitude d'exécution, exemplarité, intimidation et graduation pénale, ce code revisé ne peut plus en réaliser aucune. Ce qui est enfin profondément regrettable, c'est que tandis que parmi les divers États de l'Europe, où le code de 1810 s'était introduit, la Belgique, la Prusse, la Hollande l'ont remplacé par de nouveaux

(1) L'honorable M. Bardoux, en m'exprimant le grand intérêt avec lequel il avait lu la lettre que je lui avais adressée par la voie de l'impression, a l'occasion de sa proposition de loi sur la suppression de la publicité des exécutions capitales, ajouté que « c'est sans doute un point très grave que » l'inefficacité de la peine appelée par voie de commutation à remplacer la » peine de mort, et que la graduation de l'échelle pénale en est bouleversée. »

codes perfectionnés, on ne se préoccupe même pas en France de l'élaboration du système nouveau de codification que réclament les besoins moraux de notre époque. Il y a là pour la France une fâcheuse situation qui compromet au dedans la garantie de l'ordre social, et au dehors l'honneur de sa civilisation.

Conclusion

La conclusion que j'ai l'honneur de soumettre respectueusement, Messieurs les Sénateurs, à votre appréciation, c'est qu'il plaise à votre haute Assemblée de vouloir bien prononcer le renvoi à M. le Ministre de la Justice de cette pétition, tendant :

1° A la suppression de la publicité des exécutions capitales ;

2° A l'urgente élaboration d'un nouveau code pénal conforme aux besoins moraux de notre époque et aux progrès de la civilisation.

Veuillez agréer, Messieurs les Sénateurs; l'hommage de mon profond respect.

CH. LUCAS

Membre de l'Institut de France
et de l'Institut de droit international.

II

RAPPORT DE M. LE SÉNATEUR LE GUEN

SUR LA PÉTITION DE M. CH. LUCAS.

Extrait du Journal officiel *du 1ᵉʳ mars 1885.*

« 7ᵉ Commission (1) des pétitions. Session extraordinaire de 1884.

« *M. Le Guen, rapporteur.*

« *Pétition nᵒ 150, déposée le 4 novembre 1884 par M. le sénateur* « *Bérenger.* M. Ch. Lucas, membre de l'Institut, adresse au Sénat une « pétition relative à la suppression des exécutions publiques des con- « damnés à mort. »

RAPPORT :

M. Lucas, membre de l'Institut, dont les études approfondies et les importants travaux relatifs au régime pénitentiaire, à l'amélioration et à l'application des lois pénales, sont si universellement connus et appréciés, a adressé au Sénat une pétition, déposée par notre honorable collègue, M. Bérenger, et ayant un double objet : la suppression des exécutions publiques des condamnés à mort, et l'urgence de l'élaboration d'un nouveau Code pénal.

La première question a été renvoyée à l'examen de la Commission chargée d'examiner la proposition de loi présentée par l'honorable M. Bardoux, déjà votée en première lecture et dont l'adoption réaliserait l'amélioration souhaitée par l'éminent pétitionnaire ; la 7ᵉ Commission n'a pas à s'en occuper.

Mais elle est saisie du second et principal objet des préoccupations si

(1) Les membres de la commission étaient : MM. Paulmier, d'Andlau, Le Guen, Scheurer-Kestner, de Parieu, Léon Say, Galloni d'Istria, Michaux et Buffet.

légitimes de M. Lucas : l'urgence de l'élaboration d'un nouveau Code
pénal.

La simple indication de ce sujet d'études montre qu'il ouvre un
champ de travail bien long et bien difficile à parcourir ; mais la Commission n'a pas à entreprendre un tel labeur. Le pétitionnaire formule
lui-même en ces termes la conclusion qu'il lui demande d'adopter : 1° le
renvoi à M. le Ministre de la Justice de cette pétition, tendant .. ; 2° à
l'urgente élaboration d'un nouveau Code pénal conforme aux besoins
moraux de notre époque et aux progrès de la civilisation.

Tout se réduit actuellement, sans avoir à présenter aucune solution, à
se demander si la question posée ne doit pas être étudiée, approfondie,
et si par conséquent la demande de renvoi ainsi formulée doit être
accueillie de manière à éveiller la sollicitude du Gouvernement.

L'affirmative ne peut sembler douteuse.

Le texte de la pétition, et plus encore les documents auxquels elle
renvoie, montrent que M. Lucas est principalement préoccupé de l'affai-
blissement de la répression, de l'inefficacité de la loi pénale, en ce qui
concerne les crimes les plus graves, les attentats contre la vie humaine.

La peine capitale, même en cas d'assassinat, est le plus souvent
écartée par l'effet des déclarations du jury proclamant l'existence des
circonstances atténuantes dans les affaires même où il semble qu'on en
chercherait vainement une trace, et lorsqu'une condamnation a été
prononcée, l'exercice du droit de grâce vient le plus souvent en arrêter
l'exécution.

Cette rareté des exécutions capitales n'est certes pas l'objet des
plaintes de M. Lucas qui veut, au contraire, espérer qu'un ensemble de
conditions dont il s'offre de préparer la réalisation, autorisera un jour
l'abolition de la peine de mort ; mais, par suite de modifications successives apportées au Code pénal de 1810, la peine capitale est aujourd'hui
remplacée, en cas de commutation, par la transportation, peine sans
exemplarité, sans efficacité, qui semble attiser l'imagination des criminels loin de les intimider, leur paraît encore moins dure que la reclusion dans une maison centrale, occupant cependant un rang moins
élevé dans l'échelle de notre législation pénale.

Pour lui l'objectif principal de la réforme du Code pénal est la
recherche, la détermination d'une peine pouvant remplacer la peine de
mort, soit dès maintenant dans les nombreuses circonstances où elle est
écartée par l'arrêt même de condamnation, ou demeure sans exécution

par suite de l'exercice du droit de grâce, soit législativement dans un avenir plus ou moins éloigné.

L'éminent écrivain indique déjà quelle est à ses yeux cette peine réunissant les conditions nécessaires d'exemplarité, de certitude dans l'exécution, d'intimidation et de graduation.

Quelque opinion que l'on se fasse sur la peine indiquée, sur le grave problème de l'abolition de la peine de mort, en réservant expressément comme la Commission le doit faire la question du maintien dans notre législation de cette suprême pénalité, il est certain que l'examen sollicité par la pétition s'impose au législateur, que la transportation telle qu'elle est réglementée actuellement est hors proportion avec la criminalité de certains des actes auxquels elle s'applique et n'a aucune puissance d'intimidation et d'exemplarité.

Il y a là matière à des études qui ne pourront être faites que par des commissions spéciales ; les observations qui précèdent suffisent pour montrer qu'en invitant à l'examen de ces importants problèmes de législation pénale et pénitentiaire, en apportant à leur solution le précieux concours d'opinions mûries par la réflexion et une longue expérience, l'honorable M. Lucas rend un nouveau service à une science spéciale qu'il a déjà servie avec tant de dévouement.

La Commission conclut au renvoi de la pétition à M. le Ministre de la Justice.

*Mes prévisions relatives à l'influence de la civilisation
sur la question de la peine de mort et la progression
du mouvement abolitionniste.*

Je n'ai pas négligé dans le cours de mes écrits de signaler à l'attention du législateur l'influence que devait exercer la civilisation sur
la question de la peine de mort et sur le mouvement abolitionniste, et
de stimuler particulièrement sa prévoyance sur la progression inévitable
des commutations de la peine capitale et de l'état anormal qui en
résulterait pour la répression. J'ai cité notamment dans cette publication même ma lettre au savant Mittermaïer du 31 juillet 1857 sur *la
marche présumée du mouvement abolitionniste dans les divers États de
l'Europe* (titre III, § IV).

J'ai fait encore dans le premier paragraphe de l'introduction de cette
publication une citation à cet égard extraite de ma pétition de 1830 aux
deux Chambres. Mais à une date même antérieure, dès décembre 1827,
je démontrais dans une lettre à M. le comte de Sellon que la peine de
mort avait fait son temps et ne pouvait plus prolonger sa durée dans le
nôtre. Je retrouve cette lettre de décembre 1827 dans un recueil de
publications diverses sur la question de la peine de mort par le comte
de Sellon, et je crois devoir la reproduire en raison de l'ancienneté de
sa date et parce que les 58 années écoulées depuis ne me semblent pas
avoir démenti mes prévisions.

LETTRE DE M. CHARLES LUCAS, AVOCAT A LA COUR D'APPEL DE PARIS, A
L'AUTEUR DU CONCOURS OUVERT A GENÈVE EN FAVEUR DE L'ABOLITION
DE LA PEINE DE MORT.

(*Extrait du recueil des publications diverses* de M. le comte de Sellon
sur la peine de mort, 1827-1833).

Décembre 1827.

MONSIEUR.

Je vous remercie infiniment du numéro du 1er novembre du *Journal
de Genève* dont M... a bien voulu se charger. Je n'ai pas besoin de vous

exprimer tout le plaisir que j'ai eu à lire l'article plein de bienveillance qu'un anonyme a consacré à mon ouvrage ; encore moins à vous parler du talent avec lequel il est écrit. Ce sont choses qu'il y aurait, de ma part, mauvaise grâce à dire, et trop peu de désintéressement à louer. J'aime mieux vous entretenir d'un point sur lequel je ne puis être d'accord, fort heureusement pour l'acquit de ma conscience, avec l'auteur de cet article : c'est sur l'opinion qu'il émet que nous touchons à l'époque où la question de la peine de mort va recevoir une solution définitive ; que le résultat des écrits qu'elle inspire et des débats qu'elle soulève, doit être sa suppression de nos codes, ou son maintien à tout jamais.

Je crois fermement, Monsieur, que la responsabilité qu'entraînerait une pareille opinion, ne pèse ni sur les écrivains de notre époque qui se sont voués à l'examen de cette question, ni sur les législateurs qui sont appelés à la résoudre. L'humanité n'a rien à craindre à cet égard, ni de ses défenseurs, ni de ses juges. Sa cause ne saurait être compromise ni par l'incapacité des uns, ni par l'erreur des autres. Que la peine de mort soit un jour abolie, c'est chose inévitable ; parce que cette abolition est, dans la marche de la civilisation, une de ces nécessités contre lesquelles l'esprit humain ne peut réagir ; autrement il commanderait à sa loi. Mais quel sera ce jour. Là commence et s'exerce l'empire de l'intelligence humaine, dont la victoire, comme celle du coursier généreux, est moins dans le but qu'elle atteint, que dans la rapidité qu'elle met à parcourir la distance qui l'en sépare.

Mais je dois vous développer ma proposition, qui sans cela, ne paraîtrait qu'une assertion gratuite de ma part.

N'est-il pas vrai, Monsieur, que la peine de mort a commencé par régner seule en reine absolue dans tous les codes pénaux ? N'est-il pas vrai qu'à mesure que la civilisation s'est développée, elle a eu d'autres peines appelées successivement à entrer en partage de sa puissance ? N'est-il pas vrai qu'aujourd'hui, en comparant le chétif domaine qu'elle conserve dans les codes, à celui qu'elle y a perdu, on ne peut mieux la comparer qu'à une souveraine déchue et reléguée dans un petit coin de son ancien empire. Aussi c'est là un fait incontestable que la civilisation lui a enlevé les neuf dixièmes de ses anciens États.

Un second fait non moins incontestable, c'est la privation de la *liberté* qui partout s'est substituée à celle de l'*existence*, comme la garantie de la pénalité humaine.

Enfin, à notre époque si avancée de civilisation, ce n'est plus la mort, ce n'est plus même la captivité perpétuelle qui domine nos codes : la grande majorité des peines ne consiste que dans des privations temporaires de la liberté.

On peut ainsi distinguer dans nos codes ces trois âges de la pénalité. La mort, la servitude pénale, l'emprisonnement s'y rencontrent ; mais toutefois dans la place qu'ils y occupent mutuellement, on reconnaît la marche, on prévoit le but de la civilisation. La servitude pénale y est plus fréquente que la mort, l'emprisonnement plus fréquent que la mort et la servitude pénale. Et ce qui est très remarquable c'est qu'au sein même de nos temps si éclairés, la civilisation procède toujours de la même manière dans ses développements. Dans les pertes que fait chaque jour la peine de mort, c'est la servitude pénale qui en profite. On ne la franchit pas brusquement, pour arriver tout d'un coup à l'emprisonnement, parce qu'il est dans la marche de la civilisation que les crimes soient réprimés d'abord par les peines perpétuelles, avant d'être seulement soumis à des peines temporaires.

Nous arrivons rapidement à ce grand et beau résultat de la perfectibilité humaine. L'humanité a passé le rubicon. En effet, entre les deux puissances dont son histoire se compose, la force physique et la force morale, l'équilibre est rompu. La servitude pénale et la mort qui appartiennent au règne de la première, témoignent de sa fin, tandis que la nature temporaire des peines révèle une ère toute nouvelle, où des ressorts inconnus à la force physique doivent entrer en action, et embrasser dans la répression du présent, la garantie et la leçon de l'avenir. Cette réforme du système répressif et pénitentiaire est, dans l'ordre moral et social, la conséquence de celle opérée dans l'ordre religieux par le christianisme qui est venu détruire, non le pécheur, mais le péché. C'est ainsi qu'il y a de l'harmonie dans les mouvements du monde moral, comme dans ceux du monde physique, et qu'il est permis, à quiconque viendra en étudier les lois, de prédire l'abolition de la peine de mort, aussi sûrement que l'astronome qui prophétise l'apparition d'une comète dans les cieux.

Ce système répressif et pénitentiaire annonce le plus étonnant progrès des législations modernes. La force physique ne pouvait que combattre et détruire un effet en supprimant le coupable ; elle ne pouvait protéger l'ordre social, qu'avec des échafauds et des verrous. La force morale, au contraire, s'attache à la cause, et prend le crime à sa racine pour s'efforcer de l'extirper parmi nous.

Et ce n'est point ici une œuvre de philanthropie ; la vertu peut beaucoup dans les relations privées, mais elle n'influe guère sur les mouvements sociaux, parce qu'elle est plutôt un ornement qu'une loi de l'humanité. Un même principe domine ces deux règnes de la force physique et de la force morale, c'est toujours le principe de conservation. Si aujourd'hui la société substitue l'esclavage pénal à la mort, et l'emprisonnement pénitentiaire à l'esclavage pénal, ce n'est pas dans le but philanthropique d'amender le coupable, pour avoir le mérite de mettre dans le monde un honnête homme de plus ; c'est parce que sous l'empire de la captivité temporaire, il faut demander à l'amendement la garantie de la récidive. Avec l'échafaud, la justice sociale ne détruit que le criminel, avec le système répressif et pénitentiaire, elle détruit le crime. Elle se sent une mission plus élevée que celle de se débarrasser des coupables par un coup de hache, c'est d'en diminuer le nombre ; et le meilleur moyen à ses yeux d'y réussir, c'est de relever vers le bien cette liberté qui a failli, et de présenter aux hommes le spectacle de sa conversion, au lieu de l'imitation de son crime, pour les affermir dans les voies de la probité et de la vertu.

Tel est le système qui tôt ou tard doit régir le monde, et faire disparaître de nos places publiques l'affreux spectacle des meurtres humains.

Ce système est puisé dans nos croyances, car l'évangile est un code tout pénitentiel, dit saint Augustin.

Il pénètre de plus en plus dans nos mœurs qui répugnent chaque jour davantage à l'application de la peine de mort, en telle sorte que notre aversion pour le meurtre ayant toujours augmenté en raison directe de la diminution des supplices, et cette diminution, toujours progressive, venant chaque jour à en doubler l'énergie, nous arrivons à grands pas à l'époque où la sensibilité, à défaut de la raison humaine, ferait justice de la guillotine, comme elle l'a fait de la roue et des tortures.

Il entre dans la marche de la civilisation qui fait de plus en plus prévaloir l'empire de la force morale sur la force physique.

Enfin il appartient au principe de conservation, sur lequel repose la justice sociale ; et de même que les hommes trembleraient aujourd'hui pour leurs propriétés, si on les remettait comme jadis sous la protection de l'échafaud, de même il arrivera un temps qu'après avoir vécu à l'abri du système répressif et pénitentiaire, ils répugneront autant à confier à la guillotine la conservation de leur vie, que celle de leur bourse. Alors à l'idée du rétablissement de la peine de mort, on aurait peur comme aujourd'hui à celle de son abolition.

Telle est, Monsieur, ma conviction, telle j'espère sera la vôtre ; elle est consolante, elle est nécessaire même à ceux qui, comme vous, se dévouent à la sainte cause de l'humanité, car quand on veut le bien des hommes, on peut facilement se résigner à des travaux sans récompense, mais non à des efforts sans résultat.

Charles LUCAS.

P.-S. — Je sors à l'instant de chez M. le duc d'Orléans qui a bien voulu agréer l'hommage d'un exemplaire de mon ouvrage sur le *système pénal*. Il m'a parlé longuement et très bien de l'abolition de la peine de mort dont il est un chaleureux partisan. « J'assistais, m'a-t-il « dit, à la séance de l'Assemblée constituante, où l'abolition de la peine « de mort fut proposée. La question n'y fut ni bien posée, ni bien discu- « tée ; la majorité qui s'éleva contre l'abolition fut immense, mais ce qui « me frappa, ce qui m'indigna même, ce furent les applaudissements de « 1,200 personnes qui saluèrent cette décision de l'Assemblée d'un cri « de joie et de victoire. » Le prince, alors interprétant avec une haute sagacité ce qu'il y avait de tristement prophétique dans ces cris a très bien résumé les inconvénients de l'emploi de la peine de mort en matière politique, et il a fini, à ma grande satisfaction, par m'exprimer précisément l'idée que je vous développe dans cette lettre, que l'aboli- tion absolue de la peine de mort, était un des résultats inévitables de la civilisation. Voilà, Monsieur, une grande autorité pour nous ; aussi me suis-je empressé de consigner dans un *post-scriptum* cette bonne nouvelle.

[lignes illisibles]

IV

Relevé de mes ouvrages et de mes publications principales, depuis 1827 jusqu'à ce jour, ayant pour objet de stimuler l'alliance des deux réformes relatives à l'ABOLITION DE LA PEINE DE MORT et à la THÉORIE DE L'EMPRISONNEMENT PRÉVENTIF, RÉPRESSIF ET PÉNITENTIAIRE, et de constater et seconder, ensemble et séparément, le développement progressif de ces deux réformes.

RENSEIGNEMENTS PRÉLIMINAIRES

Ce relevé n'embrasse pas, comme l'indique son titre, l'ensemble de mes publications et notamment celles qui se rattachent à l'économie sociale et l'économie politique.

En ce qui concerne les trois réformes auxquelles j'ai consacré ma vie, relatives à l'abolition de la peine de mort, à la théorie de l'emprisonnement, préventif, répressif et pénitentiaire et à la civilisation de la guerre, ce relevé est spécial aux deux premières exclusivement, et il est même loin de comprendre toutes les publications qui les concernent. Quelques explications sont nécessaires à cet égard.

1827 à 1836 est la période de la publication de mes quatre ouvrages sur le *système pénal et la peine de mort* en 1827, sur l'*histoire du système pénitentiaire en Europe et aux États-Unis* de 1828 à 1830, sur les *Débats législatifs de la peine de mort en France* publié en 1830, et enfin sur la *Théorie de l'emprisonnement* de 1836 à 1838.

La publication de ces ouvrages donna lieu à différentes appréciations dans plusieurs revues françaises et étrangères qui nécessitèrent de ma part des observations trop longues à énumérer. Je me borne à rappeler mes deux communications à la *Revue encyclopédique* en réponse au remarquable article de M. le duc de Broglie dans la *Revue française.*

Ce ne fut qu'en 1886, date de mon élection à l'Institut que je pris l'engagement de suivre, constater et seconder dans des communications successives à l'Académie des sciences morales et politiques; ainsi que je l'ai fait avec persévérance, le développement historique et progressif des deux réformes relatives à l'abolition de la peine de mort et à la théorie de l'emprisonnement préventif, répressif et pénitentiaire. Mais l'Académie des sciences morales et politiques dont le rétablissement ne datait que de 1832 n'avait pas comme l'Académie des sciences un compte rendu de ses séances et de ses travaux. Ce ne fut qu'en 1842 que M. Ch. Vergé vint combler cette regrettable lacune par une fondation qui l'honore, celle d'un compte rendu des séances et travaux de l'Académie des sciences morales et politiques publié par lui-même sous la direction de M. le secrétaire perpétuel. Le nombre des volumes de ce compte rendu s'élève aujourd'hui à 123, et c'est dans la table des matières de cette collection qu'on peut trouver l'énumération complète de mes communications successives à l'Académie sur le développement progressif des deux réformes relatives à l'abolition de la peine de mort et à la théorie de l'emprisonnement. Je me bornerai à mentionner dans le relevé suivant celles de cette collection qui ont été l'objet d'un tirage séparé.

On remarquera qu'en ce qui concerne l'abolition de la peine de mort le mouvement abolitionniste se fait peu sentir jusqu'à la Révolution de 1848 et au Congrès de Francfort; tandis qu'au contraire la vivacité de la polémique donne une active impulsion au mouvement progressif de la *Théorie de l'emprisonnement*. Mais ce n'est guère qu'à partir de 1865 que se produisit le développement collectif des deux réformes dans l'ordre des idées et des faits.

Je crois qu'au lieu de réunir dans un seul et même relevé par ordre chronologique les publications relatives aux deux réformes précitées, il vaut mieux consacrer toujours dans l'ordre chronologique le relevé de ces publications spéciales à chacune d'elles.

Relevé de mes ouvrages et publications en tirage séparé concernant la réforme relative à l'ABOLITION DE LA PEINE DE MORT.

1827. — *Du système pénal et répressif en général et de la peine de mort en particulier.* Ouvrage couronné dans les deux concours ouverts sur la question de la peine de mort par le comte de Sellon, à Genève, et par la Société de la morale chrétienne à Paris.

1828. — Observations et lettre au comte de Sellon sur la marche de l'abolition progressive de la peine de mort. (Relation d'une audience du duc d'Orléans.)

1829. — (Extrait de la *Revue encyclopédique* de mars-juin 1829). Observations en réponse à un article de M. le duc [de Broglie sur le droit de punir et sur la peine de mort, inséré dans la *Revue française* de septembre 1828.

1830. Septembre. — Observations présentées aux deux Chambres, et pétition adressée avec l'... on de l'élite du barreau de Paris, à l'occasion de la proposition d... Victor de Tracy relative à l'abolition de la peine de mort.

1831. — *Recueil des débats législatifs en France sur la peine de mort*, précédé d'une introduction.

1835. — De l'abolition de fait de la peine de mort en Belgique.

1848. Mars. — Du décret du 26 février 1848 sur l'abolition de la peine de mort en matière politique ratifié par l'Assemblée nationale dans la Constitution du 4 novembre de la même année. Résumé des faits et des débats législatifs qui ont marqué en France le progrès de la question d'abolition de la peine de mort, depuis 1791 jusqu'à ce jour.

1855. 10 mai. — Rapport sur divers ouvrages relatifs à la peine de mort et au régime pénitentiaire.

1867. 16 mars. — Observations sur la peine de mort à l'occasion du compte rendu de l'ouvrage de M. Haus, rapporteur du projet de code pénal de Belgique.

1867. 26 mars.— Pétition au Sénat pour la suppression de l'exécution publique des condamnés à mort. Rappel et urgence de la réalisation des conditions préalables à l'abolition de la peine de mort.

1869. 8 avril. — Considérations sur l'état de la question de la peine de mort en Suède à l'occasion du compte rendu de l'ouvrage sur la *peine de mort* par M. d'Olivecrona, conseiller à la cour suprême de Suède.

1868. — De l'abolition de la peine de mort en Portugal par la loi du 1er juillet 1867. (*Communication à l'Académie*.)

1869. 6 février. — Rapport sur les travaux de Mittermaier relatif à la procédure criminelle, au droit pénal et à la peine de mort, suivi d'une lettre du 31 juillet 1867 à Mittermaier sur la marche présumée de l'abolition de la peine de mort dans les divers États de l'Europe.

1869. 25 avril et 2 mai. — De l'abolition de la peine de mort en Saxe et de l'influence que la Confédération du Nord est appelée à exercer relativement à cette réforme sur la civilisation européenne. (*Communication à l'Académie*.)

1870. 18 janvier. — *Brochure* de 24 pages d'impression adressée sous le titre de *Lettre à M. Van Lilaar*, ministre de la justice en Hollande, à l'occasion du projet de loi d'abolition de la peine de mort présenté à la seconde Chambre des États généraux par le message royal du 21 novembre 1869.

1870. 24 janvier. — La peine de mort en France devant le Corps législatif. Proposition pour l'abolition de la peine de mort déposée par M. Jules Simon à la séance du 24 janvier.

1870. 10 mars. — Lettre à M. le comte de Bismarck, chancelier fédéral, à l'occasion de son discours au Parlement de la Confédération du Nord de l'Allemagne, sur l'abolition de la peine de mort (1). (*Brochure de 20 pages.*)

1870. 15 avril. — Lettre à M. Léonhart, ministre de la justice de Prusse, relative à la troisième lecture (2) du projet de code pénal au Parlement de la Confédération de l'Allemagne du Nord.

(1) Voir *Notes finales.*
(2) *Id.*

1870. 23 avril. — Observations à l'occasion de l'hommage à l'Académie de plusieurs documents relatifs au projet de loi pour l'abolition de la peine de mort proposé à la seconde Chambre des États généraux de Hollande.

1872. — Préface à l'ouvrage de M. Edward Livingston sur l'*Exposé d'un système de législation criminelle pour l'État de la Louisiane et pour les États-Unis d'Amérique*, comprenant la proposition d'abolition de la peine de mort.

1874. Mars. — La peine de mort et l'unification pénale à l'occasion du projet de code pénal italien de l'honorable ministre M. Vigliani, comprenant :

Lettre à M. le commandeur Mancini, député au Parlement italien et professeur de droit public à l'Université de Rome. Brochure de 80 pages ;

Appel aux abolitionnistes italiens ;

Appel de l'opinion abolitionniste à l'opinion libérale en Europe, à l'occasion du rétablissement de la peine de mort en Toscane, proposé par le projet de code pénal italien ;

Seconde lettre du 18 mars 1874 au député Mancini.

1874. 30 mai. — Rapport à l'Académie des sciences morales et politiques sur le projet de code pénal italien présenté par l'honorable M. Vigliani, ministre de la justice.

1874. 29 septembre. — Lettre de M. Vigliani, ministre de la justice d'Italie, à M. Charles Lucas, à l'occasion de sa communication à l'Institut sur le projet de code pénal italien, suivie des observations en réponse présentées par M. Ch. Lucas.

1874. — Lettre à M. le sénateur Musio, président de la commission sénatoriale chargée de l'examen du projet de code pénal italien. *Brochure épistolaire*.

1875. 2 mars et 5 avril. — La peine de mort devant le Sénat italien. Lettres aux savants professeurs Francesco Carrara et Luigi Lucchini. *Brochure de 18 pages*.

1876. 2 décembre. — L'école pénale italienne et ses principes fondamentaux à l'occasion de la prochaine discussion du projet de code pénal à la Chambre des députés d'Italie.

1877. 7 avril. — Rapport à l'Académie des sciences morales et politiques à l'occasion de l'hommage de divers documents relatifs au projet de code pénal italien et à l'abolition de la contrainte par corps, au nom de M. Mancini, ministre de la justice d'Italie.

1877. 29 mai. — Rapport à l'Académie sur la durée de l'isolement dans les prisons, et le cas de commutation de la peine de mort dans lequel il conviendrait de substituer la peine de la reclusion solitaire à celle de la transportation.

1877. 1er et 8 décembre. — Communication à l'Académie sur l'exposé des motifs de M. Mancini, ministre de la justice d'Italie, relatif au premier livre du projet de code pénal italien, et sur le rapport de M. Pessina, au nom de la commission de la Chambre des députés chargée de l'examen de ce projet.

1879. 31 mai. — Rapport à l'Académie sur la peine de mort en Suisse et les diverses phases de la révision de l'article 65 de la Constitution fédérale.

1880. Janvier. — Rapport sur la statistique criminelle en Espagne et l'application de la peine de mort.

1880. 29 novembre. Lettre à M. Moddermann, ministre de la justice du royaume des Pays-Bas, à l'occasion du projet de code pénal présenté aux États généraux. *Brochure* de 15 pages.

1881. 12 mars. — Rapport à l'Académie sur le nouveau code pénal des Pays-Bas.

1882. 29 avril. — Rapport à l'Académie sur le projet de code militaire et de procédure pénale pour les troupes de la Confédération Suisse.

1884. 26 janvier. — Rapport à l'Académie sur un nouveau projet de code pénal italien. Deuxième tirage augmenté de la correspondance à l'occasion de ce rapport.

1884. 26 mars. — Rapport à l'Académie sur l'ouvrage de M. Nypels, professeur à l'Université de Liége, intitulé : *Le code pénal belge interprété principalement au point de vue de la pratique.*

1884. 24 octobre. — Pétition au Sénat relative à la suppression des exécutions publiques des condamnés à mort, et *principalement* à l'urgence de l'élaboration d'un nouveau code pénal pour remédier à l'état anormal en France de la répression en matière de crimes capitaux.

Relevé de mes ouvrages et publications, en tirages séparés, concernant la réforme relative à la THÉORIE DE L'EMPRISONNEMENT PRÉVENTIF, RÉPRESSIF ET PÉNITENTIAIRE.

1828-1830. — *Du système pénitentiaire en Europe et aux États-Unis.* 8 vol, in-8°, Ouvrage auquel l'Académie française décerna en 1830 le grand prix Monthyon de 6,000 fr.

1828. Mai. — Première pétition aux Chambres sur la double nécessité d'allouer comme le meilleur moyen de prévenir les crimes un large crédit à la propagation de l'instruction primaire, et comme le meilleur moyen de les réprimer, d'affecter aux jeunes détenus, des établissements spéciaux, répressifs et pénitentiaires. *(Imprimée en tête du premier volume du système pénitentiaire.)*

1829. — Deuxième pétition aux deux Chambres sur la nécessité d'un système répressif et pénitentiaire pour les détenus adultes. *(Imprimée en tête du second volume du système pénitentiaire.)*

1833. Janvier. — Lettre au baron de Gérando pour l'établissement d'une maison pénitentiaire de jeunes détenus, et d'une société de patronage pour les jeunes libérés de la Seine.

1833. 17 mars. — Circulaire pour la fondation d'une société de patronage des jeunes libérés de la Seine.

1833. Avril. — Considérations exposées à la Société de la morale chrétienne, sur les établissements de jeunes détenus et sur la fondation d'une maison spéciale de jeunes détenus pour le département de la Seine.

1834. 18 mai. — Allocution à la Société des jeunes libérés de la Seine. Aperçu sur les jeunes détenus et la création d'établissements qui leur ont été consacrés à Lyon et à Rouen.

1834. — Lettre au directeur de la *Gazette médicale* sur quelques améliorations à introduire dans les maisons centrales.

1836-1838. — *Théorie de l'emprisonnement préventif, répressif et pénitentiaire.* Ouvrage en trois volumes in-8° suivi d'un appendice.

1839. Mars. — Communication à l'Académie sur les détenus cellulés dans les maisons centrales de Clermont, de Gaillon, du Mont-Saint-Michel et de Beaulieu.

1839. 22 avril. — Allocution à la Société de la Morale chrétienne sur l'état de la question des prisons.

1840. — Communication à l'Académie sur les prisons d'Amérique.

1840. — Des moyens et des conditions d'une réforme répressive et pénitentiaire en France. (*Brochure in-8° de 109 pages.*)

1840. — Allocution pour la formation d'une Société de patronage destinée aux jeunes libérés de Fontevrault. Compte rendu d'une séance préparatoire à Saumur.

1842. — Observations concernant les changements apportés au projet de loi sur le régime des prisons par la commission de la Chambre des députés chargée de l'examen de ce projet.

1844. 10 et 17 février. — Exposé à l'Académie de l'état de la question pénitentiaire en Europe et aux États-Unis, suivi des observations de MM. de Tocqueville et Bérenger. (*Brochure de 129 pages.*)

1844. — Quelques mots sur le projet de loi de la commission relatif aux prisons, considéré sous le rapport pénal et sous le rapport financier.

1853. 29 janvier et 5 février. — Observations sur l'établissement permanent en Angleterre de la déportation, et sur l'utilité, en France, de son établissement transitoire.

1856. Avril. — Rapport à l'Académie sur la statistique des prisons et établissements pénitentiaires publiée par M. Louis Perrot, inspecteur général chargé de la division des prisons et des établissements pénitentiaires au ministère de l'intérieur.

1857. 27 septembre. — Inauguration des bâtiments de la chapelle, de l'école et de l'infirmerie de la colonie agricole du Val d'Yèvre (Cher).

1858. — Rapport à l'Académie sur le dictionnaire d'économie charitable de M. Martin Doisy, inspecteur général des établissements de bienfaisance.

1861. 5 mai. — Visite de la colonie du Val d'Yèvre par Mgr l'archevêque de Bourges, et quelques renseignements à cette occasion sur la fondation de l'Œuvre des sœurs Marie-Joseph, dites sœurs des prisons.

1861. — Un mot sur la fondation de la colonie agricole pénitentiaire du Val d'Yèvre considérée au point de vue du programme impérial du 6 janvier 1860 sur le défrichement des marais.

1864. 10 décembre. — Rapport à l'Académie sur la statistique des prisons et établissements pénitentiaires pour 1862, publiée par M. Dupuy, directeur de l'administration pénitentiaire.

1865. 24 mars. — Rapport à l'Académie sur la statistique médicale des établissements pénitentiaires publiée par M. Parchappe, inspecteur général du service sanitaire des prisons.

1868. Juillet. — La colonie du Val-d'Yèvre et la pétition au Sénat contre sa production horticole. Réponse de M. Ch. Lucas, fondateur de l'établissement.

1872. 22 et 29 juin. — Observations à l'Académie relatives au congrès pénitentiaire de Londres fixé au 3 juillet 1872.

1872. — Examen critique du programme du congrès international pénitentiaire de Londres.

1872. Octobre. — Transformation de la colonie privée du Val d'Yèvre en colonie publique. Discours d'adieux du fondateur.

1872. 14 décembre. — Exposé à l'Académie de la transformation de la colonie privée du Val d'Yèvre en colonie publique, suivi d'un examen comparé de la colonie publique et de la colonie privée.

1872. 21 décembre. — Rapport à l'Académie relatif à une notice sur la maison de force et de correction de Gand, et la maison cellulaire de Louvain, par M. Visschers.

1875. Juillet. — Coup d'œil historique sur la transformation de la colonie du Val d'Yèvre, précédé d'une lettre au rapporteur de la commission du budget du Ministère de l'Intérieur.

1875. 6 novembre. — Rapport à l'Académie sur la publication de la Commission parlementaire d'enquête pénitentiaire et spécialement sur celle relative à l'éducation et au patronage des jeunes détenus, par M. Félix Voisin, membre de l'Assemblée nationale.

1875. 27 novembre. — Rapport à l'Académie sur l'écrit de M. Beltrani-Scalia, inspecteur général des prisons d'Italie, relatif à la statistique pénitentiaire internationale.

1876. 1er juillet. — Communication à l'Académie sur l'orphelinat agricole et l'utilité qu'il peut retirer des résultats de la colonie d'essai du Val d'Yèvre.

1876. 12 décembre. — Observations à l'Académie sur la statistique des prisons et établissements pénitentiaires pour l'année 1873, publiée par M. Choppin, directeur de l'administration pénitentiaire.

1877. 10 mars. — Rapport à l'Académie sur l'ouvrage de M. Michaux, directeur des colonies, relatif à l'*étude de la question des peines*.

1877. 19 mai. — Rapport à l'Académie sur les travaux préparatoires du congrès pénitentiaire de Stockolm.

1877. 7 juin. — Allocution prononcée à la séance d'installation de la Société générale des prisons sur le mouvement progressif de la réforme répressive et pénitentiaire pendant les 50 dernières années.

1877. 15 octobre. — Lettre à M. Faustin-Hélie, membre de l'Institut et de la Société générale des prisons, sur les inconvénients de la prolongation de l'emprisonnement individuel et de l'agglomération de la population dans les établissements pénitentiaires.

1877. 22 décembre. — Rapport à l'Académie sur la Société générale des prisons et le premier numéro du bulletin de sa fondation.

1878. 24 janvier. — Opinions exposées au *Conseil supérieur des prisons* sur les mesures répressives de la récidive et particulièrement sur celle de la transportation pénale.

1878. — 16 février. — La transportation pénale ou la politique du débarras. Rapport à l'Académie à l'occasion de la notice publiée par le ministère de la marine sur la Guyane française et la Nouvelle-Calédonie.

1878. 11 mars. — Note chronologique dans l'ordre des idées et des faits sur la fondation de la colonie d'essai du Val d'Yèvre comme établissement privé et sa transformation en colonie publique.

1878. 14 août. — Lettre à M. le docteur Wines, président de la commission internationale pénitentiaire, sur l'utilité des travaux préparatoires et notamment des rapports relatifs aux questions soumises aux délibérations du congrès de Stockolm.

1879. 11 janvier. — Rapport à l'Académie sur les institutions répressives et pénitentiaires, et les institutions préventives concernant l'enfance à l'occasion de l'ouvrage sur le *vagabondage des enfants et les écoles industrielles* par M. le vicomte d'Haussonville.

1879. 5 mars. — Observations présentées à la Société générale des prisons sur la révision de la loi du 5 août 1850 relatives aux colonies agricoles pénitentiaires de jeunes détenus.

1879. 19 avril. — Rapport à l'Académie à l'occasion de l'hommage du Bulletin des travaux de la Société générale des prisons pendant l'année 1878.

1879. 7 mai. — Observations sur la colonisation agricole pénitentiaire supplémentaires à celles présentées à la séance du 5 mars de la Société générale des prisons.

1879. Novembre. — Résumé des résultats économiques et agricoles obtenus au profit de l'État et de l'expérience pratique par la colonie d'essai du Val d'Yèvre, et de ceux à recueillir par l'État du projet de loi d'acquisition du 31 mai 1879. (*Adopté par les deux Chambres en 1880.*

1880, 29 mars. — Rapport à l'Académie relatif à l'ouvrage sur la *Suède, ses progrès sociaux et ses institutions pénitentiaires* par M. Almquist, directeur général des prisons de ce royaume.

1880. — Rapport à l'Académie relatif à l'écrit de M. le sénateur Th. Roussel sur *l'éducation correctionnelle et l'éducation préventive.*

1880. — Rapport à l'Académie relatif à l'ouvrage de MM. Fernand Desportes et Léon Lefébure sur *la science pénitentiaire au congrès international de Stockolm.*

1880. Juin. — Rapport à l'Académie relatif à l'ouvrage sur *la réforme pénitentiaire en Italie* par M. Beltrani-Scalia, directeur général des prisons de ce royaume.

1880. 29 novembre. — Rapport à l'Académie sur la notice relative à Miss Carpenter, par Mme d'Olivecrona.

1881. 25 mars. — Lettre à M. F. Desportes, secrétaire général de la Société des prisons, sur les travaux de la Commission pénitentiaire internationale réunie à Paris, le 8 novembre 1880, pour la préparation du futur congrès de Rome.

1882. 14 janvier. — Rapport à l'Académie sur le Bulletin de la Société générale des prisons, quatrième année.

1882. 31 août. — Lettre à M. le Président de l'Académie des Sciences morales et politiques sur le mouvement de la criminalité et de

11

la récidive, à l'occasion de la publication du compte rendu de la justice criminelle en France de 1826 à 1880.

1882. 14 octobre. — Lettre à M. le Ministre de l'Intérieur sur le projet de loi relatif à la transportation des récidivistes.

1883. 8 mars. — Rapport à l'Académie relatif à l'écrit de M. F. Desportes sur *la récidive et le projet de rélégation des récidivistes.*

1883. 7 avril. — Rapport relatif à l'écrit de M. le docteur Lelorrain sur *l'aliéné au point de vue de la responsabilité pénale.*

1884. 5 avril. — Rapport sur le Bulletin de la Société générale des prisons, cinquième, sixième et septième années.

OBSERVATION FINALE.

Plusieurs criminalistes distingués et notamment le savant d'Olivecrona, dans un rapport au congrès de Stockolm, m'ont invité avec insistance à réunir en un recueil mes communications successives à l'Institut, sur le mouvement progressif des deux réformes relatives à l'abolition de la peine de mort, et à la théorie de l'emprisonnement préventif, répressif et pénitentiaire.

J'en avais moi-même le projet. Mais à mon âge avancé, je ne puis espérer en avoir le temps. Si la Providence me l'accordait, j'aurais assurément à éliminer de ce recueil plusieurs des écrits que comprend ce relevé récapitulatif. Mais du moment où il s'agissait d'une énumération, je n'ai voulu en supprimer aucun, parceque tous ont une utilité relative, celle de servir comme autant de jalons à constater dans l'ordre des faits et aussi dans celui des idées, le mouvement progressif qu'ont suivi depuis plus d'un demi-siècle ces deux réformes.

Ces publications qui, sauf quelques rares exceptions, sont des communications successives à l'Académie des Sciences morales et politiques, numérotées dans leur ordre chronologique dans chacun de ces deux relevés énumératifs concernant les deux réformes relatives à l'abolition de la peine de mort et à la théorie de l'emprisonnement préventif, répressif et pénitentiaire, s'élèvent pour la première à 85, pour la seconde à 60 et pour les deux à 95. Ce chiffre de 95 n'indique pas, je le répète, le total général des communications relatives à ces deux réformes, insérées dans les 128 volumes dont se compose, depuis son origine en 1840, le compte rendu des séances et travaux de l'Académie, mais représente seulement le nombre spécial de ces communications qui ont été l'objet d'un tirage séparé.

NOTES FINALES

NOTE FINALE A

Le système de Philadelphie et la note récapitulative sur la reclusion solitaire, résultant de l'ensemble de cette publication. La peine de mort et la reclusion solitaire considérées au point de vue préventif de la récidive d'assassinat. Motifs de ma persévérance à proposer en 1885, comme je l'avais fait en 1827 et 1830, la peine de la reclusion solitaire en remplacement de celle de mort.

Le régime de l'emprisonnement individuel et celui du pénitencier de Philadelphie sont deux systèmes bien différents. L'emprisonnement individuel est le régime de la séparation cellulaire de détenu à détenu qui dans ma théorie n'a pour objet, comme on le sait, au degré préventif concernant les détenus avant jugement, que de prévenir l'évasion et la promiscuité, et qui dans le degré répressif, à l'égard des petits délinquants dont la condamnation n'excède pas un an, doit produire de plus l'intimidation. Dans ce régime cellulaire, l'interdiction des communications de détenu à détenu ne s'étend pas aux communications sociales. L'emprisonnement individuel tel qu'il se pratique en Belgique en s'étendant même aux condamnations à long terme, admet les relations de la famille, la correspondance épistolaire, et favorise même les visites du dehors de la part de la population honnête parce qu'il aspire à l'idéal irréalisable de substituer pour les cellules les communications de la population honnête à la prohibition de celles de la population coupable. C'était l'idéal qui avait notamment séduit M. de Tocqueville mais qu'aucun praticien n'a pris ʻn sérieux, parce qu'il est incompatible avec les légitimes exigences de la discipline intérieure des prisons.

Le système du pénitencier de Philadelphie, ce n'est pas la séparation de détenu à détenu, mais la privation de la vie sociale.

« Personne, disent MM. de Tocqueville et de Beaumont (1), ne peut

(1) « *Du système pénitentiaire aux États-Unis,* » 8, 11 p. 166.

« visiter les condamnés pendant leur détention, à l'exception des ins-
« pecteurs, des gardiens et du chapelain. »

Si l'on n'appliquait à Philadelphie ce système qu'aux condamnés pour
homicide prémédité, j'en serais le partisan, sous la réserve de certaines
conditions et atténuations, puisque c'est celui que je propose depuis
tant d'années en remplacement de la peine de mort à l'égard des
assassins. Mais je ne le fais qu'à titre exceptionnel parce que l'assassin
s'est mis par la nature de son crime et le péril de la récidive, hors de
la loi de sociabilité ; et je deviens l'adversaire du système de Philadelphie du moment où il sort de cette exception.

« A Philadelphie, disent MM. de Tocqueville et de Beaumont (1), on
« conduit le condamné dans sa cellule solitaire dont il ne sort jamais ;
« c'est là qu'il travaille, mange et repose ; et la construction de cette
« cellule est si complète qu'il n'y a jamais pour lui nécessité d'en sortir.
« Chaque cellule est aérée par un ventilateur, et contient une fosse
« d'aisance que sa construction rend parfaitement inodore. »

La reclusion solitaire, telle qu'elle résulte de l'ensemble de cette publication (2), ne s'applique, dans ma théorie, à perpétuité, qu'aux assassins reconnus coupables, même comme parricides, d'homicide prémédité
par le fer ou le poison, sans circonstances atténuantes. J'en ai écarté
toutefois l'inscription de l'enfer du Dante, et il n'est pas interdit à la
justice de clémence, (car la clémence doit avoir sa justice comme la
répression), de réconcilier, au besoin, la répression avec l'humanité.

Ce n'est pas ici le moment d'entrer dans des développements à cet
égard ; je donnerai seulement quelques explications pour qu'on ne puisse
se méprendre sur ma pensée. Ce que je veux à l'égard de l'assassin

(1) Tome Ier, page 232.
(2) Reclusion solitaire. Voir titre IV, § 11, page 104 ;
Le régime cellulaire et le confinement solitaire, même paragraphe,
page 107 ; — réponse aux objections relatives à la reclusion solitaire et à
son application à perpétuité, page 108 ; — son application aux assassins
reconnus coupables sans circonstances atténuantes, conclusion page 120.
« En Suède, en Belgique et en Hollande, c'est la captivité perpétuelle
« qui est appelée à remplacer la peine de mort dans les cas de commu-
« tation, mais sous l'application successivement, d'abord du régime cellu-
« laire, puis du régime en commun. » Péril de la récidive, Introduction,
§ 11, page 15.
Substitution de la reclusion solitaire à la transportation appelée à
remplacer la peine de mort dans les cas de commutation, Introduction,
§ vii, page 35.

reconnu coupable sans circonstances atténuantes, c'est de remplacer le supplice de l'échafaud par celui du remords. Mais mon but n'est pas assurément de substituer intentionnellement au supplice qui tue le corps celui qui peut tuer l'âme par le désordre des facultés mentales. Lorsque j'ai dit que mon système commandait dans l'application de réconcilier au besoin la répression avec l'humanité, j'ai entendu dire qu'il fallait se préoccuper à la fois, d'abord des moyens préservatifs de l'aliénation mentale, et ensuite des moyens curatifs quand les symptômes précurseurs venaient à se produire. Je n'ai pas ici à les énumérer. Mais je ne saurais admettre le procédé suivi pour le régime cellulaire par la loi belge qui après avoir soumis pendant un temps très prolongé les coupables d'assassinat à son régime cellulaire, vient les confondre ensuite avec les condamnés à long terme soumis au régime de la vie en commun. Dans mon système, outre les visites réglementaires du directeur, de l'inspecteur, du médecin, de l'aumônier et du gardien de service, on peut admettre en temps opportun, et avec le discernement nécessaire, parmi les atténuations préservatrices de l'aliénation mentale relative aux assassins, la correspondance de famille. Mais quant aux relations de condamné à condamné, elles ne peuvent jamais avoir lieu que d'assassins à assassins, et par exemple par petits groupes de deux à trois, suivant le mode prescrit par la discipline, soit pour une prière en commun, soit pour une lecture à haute voix.

Au résumé, du moment où la peine de mort, arrivée au degré final et le plus grave de sa suppression, a été abolie dans un pays à l'égard de l'assassin reconnu coupable, même comme parricide, de l'homicide prémédité par le fer ou par le poison et sans circonstances atténuantes, on doit exiger de la répression que la peine appelée à remplacer celle de mort présente une garantie contre la récidive de l'assassinat, sinon absolument, du moins autant que possible équivalente à celle de la peine de mort. La justice de répression ne saurait donc, sans excéder son droit, et sans méconnaître dans son exercice la responsabilité qui lui incombe, confondre l'assassin avec les condamnés placés sous le régime de la vie et du travail en commun. On ne doit pas lui enlever la vie humaine parce qu'on n'est plus dans le cas de légitime défense qui y autorise. Mais la répression ne doit pas lui conserver la vie sociale, parce qu'il n'est plus dans le cas de la sociabilité. Au supplice de l'échafaud doit succéder celui du remords dans la réclusion solitaire. Par l'échafaud la justice de répression voulait tuer le corps ; par le supplice du remords, elle ne veut pas tuer l'âme. Si l'aliénation mentale est une conséquence possible de la réclusion solitaire, la justice de répression, parmi les moyens compatibles avec la réclusion solitaire, soit préservatifs pour prévenir l'aliénation mentale, soit curatifs pour en arrêter les premiers symptômes, ne doit en négliger aucun. Mais on ne saurait exiger rien de plus de la justice de répression qui n'a pas à sacrifier au crime de l'assassin la légitimité et l'efficacité préventive et répressive de son exercice, et enfin la responsabilité du péril de sa récidive.

Les assassins reconnus coupables avec circonstances atténuantes, ne sont condamnés qu'à la captivité perpétuelle ou à temps; mais ils doivent subir au début six mois à un an de réclusion solitaire.

A l'égard des accusés de meurtre, infanticide, et incendie d'édifices habités reconnus coupables sans circonstances atténuantes, mêmes dispositions que pour les précédents;

A l'égard des mêmes accusés, reconnus coupables avec circonstances atténuantes, application pendant un an au début du régime cellulaire au lieu de celui de la réclusion solitaire.

En ce qui concerne les besoins du régime disciplinaire, faculté de l'application de la réclusion solitaire pour un ou plusieurs mois, mais sans excéder le nombre de six mois consécutivement.

Il importe d'ajouter que je n'admets pas qu'on procède pour la réclusion solitaire comme on l'a fait pour le régime cellulaire à la prison de Louvain, en entassant dans le même bâtiment 592 cellules superposées les unes aux autres. Ce casernement cellulaire qui vient compromettre l'emprisonnement individuel lui-même par l'excès de l'agglomération et les funestes conséquences qu'il entraîne, est incompatible avec l'organisation pratique de la réclusion solitaire.

La réclusion solitaire est un régime exceptionnel qui, sous tous les rapports de la construction et de l'application, doit être l'objet d'une étude spéciale qui ne lui a pas encore été sérieusement consacrée. C'est un grave et urgent problème à résoudre, mais ce n'est pas dans les précédents du casernement cellulaire qu'il faut en chercher la solution.

NOTE FINALE B

Pétition adressée au Sénat le 26 mars 1867 pour la suppression de l'exécution publique des condamnés à mort.

Sous ce titre spécial, le but de cette pétition était évidemment de seconder le mouvement abolitionniste relatif à la peine de mort, et je ne le dissimulais pas en m'exprimant ainsi : « Le génie civilisateur de « la France peut-il, dans l'ordre moral et pénal, accomplir une plus « grande réforme que celle de l'abolition de la peine de mort, aujour- « d'hui discutée en Europe dans toutes les Assemblées législatives, « délibérée dans tous les conseils des gouvernements, et déjà proclamée « par plusieurs. »

J'ajouterai que ce qui précède était nécessaire pour faire bien con- cevoir le but de cette pétition, qui, bien que restreinte à la demande de la suppression des exécutions publiques en matière capitale, n'en est pas moins un acheminement urgent et utile à l'abolition de la peine de mort. Je déclarais toutefois que je m'abstenais de demander l'abo- lition immédiate de la peine de mort, parce que je persistais à penser que cette grande réforme exigeait deux conditions préalables : d'abord l'adoption de la peine nouvelle qui pouvait avantageusement remplacer la peine de mort, et ensuite l'élaboration d'un nouveau code pénal qui s'inspirât des principes de la théorie de l'emprisonnement répressif et pénitentiaire.

NOTE FINALE O

Les deux votes contradictoires du Parlement fédéral de la confédération du nord de l'Allemagne, l'un du 1er mars 1870 pour la suppression de la peine de mort, et l'autre aux séances des 22 et 28 mai de la même année pour son maintien.

On lit dans le *Moniteur* du 3 mars 1870, journal officiel à cette époque de l'Empire français : « Berlin 1er mars. Le Reichstag a continué « aujourd'hui les débats sur la question de la peine de mort. Long « discours de M. de Bismarck pour son maintien. La suppression de la « peine de mort a été votée par 118 voix contre 81, conformément aux « propositions de MM. Fries et Kirchmann. »

On lit dans le *Moniteur* du 27 mai 1870 au sujet de la discussion sur la peine de mort en troisième lecture par le Parlement fédéral : « On a

« procédé au vote des articles. Le Reichstag avait rayé de l'article
« premier les mots : *Une action punie de la peine de mort.*

« L'amendement qui demandait le rétablissement de ces mots a été
« voté par 127 voix contre 119. »

On lit dans le *Moniteur* du 28 mai que le Reichstag, dans sa séance
du 23, revenant sur sa première décision du 1ᵉʳ mars a maintenu la
peine de mort dans le projet de code pénal de la Confédération. Tous
les amendements ont été rejetés même celui de M. Planck qui demandait que la peine de mort restât supprimée dans ceux des États confédéré s
qui l'ont abolie déjà ; c'était la condition sous laquelle la majorité du
parti national libéral après de longues hésitations avait à regret consenti
à son maintien.

NOTE FINALE D

Projet de loi présenté par l'honorable sénateur M. Bardoux
pour la suppression de la publicité des exécutions capi-
tales.

Le titre 1ᵉʳ de cette publication, § I et II, consacré à cette question
de la suppression de la publicité des exécutions capitales contient différents renseignements relatifs à une pétition sur le même objet, présentée au Sénat impérial le 26 mars 1867, et à la présentation par
l'honorable sénateur M. Bardoux, d'un projet de loi pour cette suppression, déposé au Sénat le 10 juin 1884. Le rapport sommaire, au
nom de la commission d'initiative, a été fait le 19 juillet par M. De-
mêlé. Le 31 juillet a eu lieu la délibération relative à la prise en considération. Le rapport de la commission d'examen confié à M. Bardoux
lui-même a été déposé le 22 novembre, et le projet a été adopté en
première délibération le 1ᵉʳ décembre, après une intéressante discussion
dans laquelle M. Martin-Feuillée, ministre de la justice, a été entendu,
et a adhéré au vœu du Sénat de provoquer l'avis des procureurs
généraux près la cour de cassation, et les cours d'appel, et de ces
cours elles-mêmes, sur la question de la suppression de la publicité des
exécutions capitales.

TABLE RÉCAPITULATIVE ET ANALYTIQUE

Orléans. — Imp. Colas, Paul Girardot, s.

www.ingramcontent.com/pod-product-compliance
Lightning Source LLC
Chambersburg PA
CBHW070557050526
44396CB00007B/1324